KB090623

새벽을 깨우는 천자문

홍성표 엮음

새벽을 깨우는 천자문

들어가기

 교직에서 은퇴하고 미국 뉴욕에서 6개월 생활하였습니다. 그때 나이든 교민에게서 영어에 익숙한 아이들을 키우는데 언어 문제로 무척 힘들었다는 이야기를 들었습니다. 그 곳 현실을 보니, 어느 정도 수긍이 갔습니다. 우리말은 한자말을 많이 빌려 씁니다. 그래서 한자(漢字)를 조금 알면 어떠했을까 하는 생각을 하였습니다. 꼭 한자만이 아니더라도 〈천자문〉 안의 많은 이야기가 서로를 이해하는데 도움이 될 것이라는 생각도 하였습니다. 이것이 계기가 되어 다문화 사회에 적용할 만한 〈천자문〉 해설 책을 만들고자 하였습니다.

 〈천자문〉의 저자에 대해서는 의견이 분분 합니다. 대체로 〈천자문〉은 주흥사(周興嗣 470?-521)가 위·진 남북조 시대 양(梁) 나라 무제(武帝)의 명으로 천자문(千字文)을 만들었다고 합니다. 어떤 사람들은 위(魏)나라의 종요(鍾繇)가 지었다고 하고, 여러 사람의 손을 거쳐 만들어진 〈천자문〉을 주흥사가 총정리한 것이라고도 합니다.

 〈천자문〉에는 중국의 역사, 지리, 인물과 업적, 윤리 등 중국에 관한 다양한 분야의 내용이 담겨 있습니다. 게다가 4자로 구성된 250구의 사언고시(四言古詩) 문장으로 만들어져 있어, 문장마다 생략과 함축이 매우 심합니다. 그러므로 시구의 배경이 되는 이야기나, 근거 문장을 알아야 문구의 이해가 쉽습니다. 또 〈천자문〉이 위·진 남북조 시대에 만들어졌기 때문에 한(漢)나라 이전의 중국 역사를 조금은 알아야 합니다.

 이 같은 〈천자문〉의 특성을 고려하여, 이 책은 〈천자문〉의 자구 해석을 위해 알아야 할 최소한의 역사 지식과 근거 서책들을 소개하였습니다. 〈천자문〉의 뜻풀이를 하면서 그 안에 소개된 내용이 우리나라와 접촉점이 있으면 우리나라 자료도 소개하려고 노력하였습니다. 이것은 〈천자문〉공부가 중국 것으로 치우치지 아니하고 우리의 정체성도 지켜야 한다는 바람입니다. 또 조금 무리한 듯하지만, 서양 고대사도 소개하여 역사의 공통점과 차이점도 생각해 보고자 하였습니다. 이는 현 시대에 맞는 가치관 형성에 도움이 되기를 바라는 마음의 표현입니다.

뉴욕에는 중국인들이 많이 있습니다. 한인 교민들은 중국의 간자체의 간판, 잡지 등을 접할 기회가 많이 있습니다. 그래서 중국인을 이해하고 더불어 살아가는데 도움이 될 것을 기대하며 간자체 천자문도 병기하였습니다.

미국에서 많은 한인들이 교회에 갑니다. 그래서 천자문 뜻풀이에 도움이 될 거라 생각되는 성경 구절을 찾아 문장 해설과 함께 같이 달아 넣었습니다. 이 점은 다른 천자문 해설 책들과 조금 다른 점입니다.

아주 오래 전, 저는 친구와 함께 세계사 교재를 만들기 위해 자료를 만든 적이 있습니다. 이 책을 만들면서 당시에 만든 자료를 뒤적이곤 했는데 그때마다 친구 고 (故) 김강일 박사가 그리웠습니다. 이 책을 만드는데 응원을 아끼지 않은 친구들(광열, 병철, 정일, 무환, 연재, 강범)과 보이지 않는 곳에서 수고한 현대해상의 안성주 부장에게 감사드립니다. 이 책의 편집과 디자인에 큰 도움을 준 안지원양에게 특별한 감사를 드립니다.

2021. 2. 1

천자문 목차

부　　록

天	地	玄	黃	宇	宙	洪	荒
天	地	玄	黃	宇	宙	洪	荒
천	지	현	황	우	주	홍	황
heaven	earth	black	yellow	house	house	vast	coarse
하늘	땅	검다	누르다	집	집	넓다	거칠다

하늘은 검고 땅은 누르다. 우주는 넓고 거칠다(크다).

The sky is black and the earth is yellow ; The universe is vast and wild.

천자문의 첫 문장은 하늘과 땅이 나누어지던 때, 혼미하고 혼돈한 상태를 표현하였다. 하늘과 땅이 나눠지기 전의 혼돈 상태를 태극(太極)이라고 한다. 천지개벽(天地開闢)은 하늘과 땅이 처음으로 열린다는 뜻이다. 옛날 사람들이 푸른 하늘 위에 하늘이 있어, 그 하늘이 검다는 것을 어떻게 알았는지는 의문이다. 이 문장을 성경의 첫 문장과 비교하면 동양과 서양의 세계관 차이를 이해하는데 도움이 된다.

〈주역·건괘(周易·乾卦)〉에 '하늘은 검고 땅은 누렇다.'(天玄而地黃) 라는 문장이 있다.

성경은 하나님이 세상을 창조하였다고 한다.

태초에 하나님이 천지를 창조하시니라 땅이 혼돈하고 공허하며 흑암이 깊음 위에 있고 하나님의 영은 수면 위에 운행하시니라. (창세기 1:1-2)

In the beginning God created the heavens and the earth. Now the earth was formless and empty, darkness was over the surface of the deep, and the Spirit of God was hovering over the waters.

(Genesis 1:1-2)

현(玄) : 깊은 청색(深靑)

우(宇) : 동. 서. 남. 북. 사방(四方)과 그 위. 아래를 가리키는 공간적 개념

주(宙) : 시간적 개념으로 고금(古今)의 왕래를 의미

홍황(洪荒) : 우주 형성 이전의 혼돈과 몽매적 상태의 아주 오랜 옛날 모습

日	月	盈	昃	辰	宿	列	張
日	月	盈	昃	辰	宿	列	张
일	월	영	측	진	숙(수)	렬(열)	장
sunday	moon	full	decline	star	lodging	widen	extend
해	달	차다	기울다	별이름	묵다 자다	벌이다	베풀다

해는 뜨고 지며 달은 차고 이지러지며 해와 달과 별들이 하늘에 가득 차 있다.

The sun rises and sets, the moon is full and hidden ;
many constellations and stars in the sky.

이 문장은 고대 동양의 천체관을 요약하였다. 옛사람은 태양이 지구 주위를 돈다고 생각하고, 태양이 1년간 지나가는 길을 황도(黃道)라 하였다. 황도(黃道)를 둘러싼 붙박이 떼별 28개를 28수(宿)라 하고, 황도 한 바퀴를 12등분하여 월별로 태양이 위치한 자리에 있는 별자리를 12진(辰)이라 하였다. 28수는 동서남북 각 방향에 있는 별자리 7개씩을 합한 것이다. 28수의 별자리는 서양의 별자리와 반드시 대응하지는 않는다. 서양의 별자리는 88개이다.

성경은 일월성신(日月星辰)이 보기에 좋았다고 한다.

하나님이 두 큰 광명체를 만드사, 큰 광명체로 낮을 주관하게 하시고 작은 광명체로 밤을 주관하게 하시며 또 별들을 만드시고 하나님이 그것들을 하늘의 궁창에 두어 땅을 비추게 하시며, 낮과 밤을 주관하게 하시고 빛과 어둠을 나뉘게 하시니 하나님이 보시기에 좋았더라. (창 1:16-18)

God made two great lights--the greater light to govern the day and the lesser light to govern the night. He also made the stars. God set them in the expanse of the sky to give light on the earth, to govern the day and the night, and to separate light from darkness. And God saw that it was good. (Genesis 1:16-18)

영(盈) : 달이 찬 것
측(昃) : 해가 기우는 것
진(辰) : 해 달 별들의 총칭, 12진을 말한다. 때의 뜻으로 사용할 경우에는 신(辰)으로 읽는다.
숙(宿) : 별 자리, 별을 말할 때 수(宿)로 읽는다.
열장(列張) : 길게 배열 분포됐다는 뜻

寒	來	暑	往	秋	收	冬	藏
寒	来	暑	往	秋	收	冬	藏
한	래	서	왕	추	수	동	장
cold	come	hot	go	autumn	collection	winter	hide, keep
차다	오다	덥다	가다	가을	거두다	겨울	감추다

추위가 오면 더위가 물러간다. 가을에는 거두고 겨울에는 (힘을) 저장한다.

When the cold comes, the heat disappears ;
we harvest in autumn, store in winter.

　1년, 사계절의 변화와 봄에 씨 뿌리고 여름에 경작하며 가을에 수확하여 겨울 동안 저장한다는 내용을 요약하였다. 사람은 자연의 순환 원리를 잘 알아, 자연계의 법칙에 맞추어 살아야 한다. 농경사회에서는 춘하추동(春夏秋冬)의 특징을 알고, 농사의 때에 어긋나지 않도록 해야 한다. 특히 심을 때와 거둘 때는 반드시 지켜야 한다. 〈사기·태사공자서(史記·太史公自序)〉에 '만물은 봄에 소생하고 여름에 자라며, 가을에 열매 맺고 겨울에는 다음 해를 대비하여 힘을 저장한다.'(春生 夏長 秋收 冬藏)라는 문장이 있다.

　'군주는 백성을 하늘로 삼고 백성은 먹을 것을 하늘로 삼는다.'는 말이 있다. 그래서 군주는 백성들이 먹고 살 수 있도록, 농사를 중시하는 정책을 펼치었다. 이를 농본정책(農本政策)이라고 한다. (171쪽 참조)

성경은 땅 위의 온갖 식물들이 보기에 좋았다고 한다.

하나님이 가라사대 땅은 풀과 씨 맺는 채소와 각기 종류대로 씨 가진 열매 맺는 과목을 내라 하시매 그대로 되어, 땅이 풀과 각기 종류대로 씨 맺는 채소와 각기 종류대로 씨 가진 열매 맺는 나무를 내니 하나님의 보시기에 좋았더라.

(창 1:11-12)

Then God said, "Let the land produce vegetation: seed-bearing plants and trees on the land that bear fruit with seed in it, according to their various kinds." And it was so. The land produced vegetation: plants bearing seed according to their kinds and trees bearing fruit with seed in it according to their kinds. And God saw that it was good.

(Genesis 1:11-12)

閏	餘	成	歲	律	呂	調	陽
闰	余	成	岁	律	吕	调	阳
윤	여	성	세	율(률)	려(여)	조	양
leap month	remain	achieve	year	law	tune	adjust	sunshine
윤달	남다	이루다	해	법	음률 법측	거르다	별

윤달이 남아 한 해가 되고, 율·려의 조화가 음양의 조화를 이룬다.

The leap month remains, it completes one year ;
Ryul and Ryeo control the length of yin and yang.

　농경사회에서는 1년 사계절의 교체시기를 잘 알아야하므로, 이를 위해 달력을 만들었다. 음력(陰曆, lunar calendar)이란 달이 차고 기우는 것에 따라 한 달을 정하는 달력이다. 이를 지구의 태양공전주기(태양력)와 비교하여, 음력으로 책력을 정하면 1년이 12달 10일이다. 그래서 매년 남는 10일을 3년을 모으면 30일 남짓이 된다. 이것이 윤달이다. 그러면 4년째 해는 13달이 된다. 이렇게 윤달을 설치하여야, 한 해가 완성 된다는 것이다.

　〈서경·요전(書經·堯典)〉에 '윤달을 설치하고 사계절을 정하여 해를 이룬다.' (以置閏 異定 四時 成歲矣)하였다. 윤달을 정하지 않으면 해를 이루기 어렵다는 뜻이다.

　율(律)은 모든 소리를 말하고 음(音)은 입에서 나오는 소리를 말한다. 소리는 5개(五聲)

가 있고 음계(音階)도 다섯으로, 이를 5음(五音)이라고 한다. 5음은 궁(宮)·상(商)·각(角)·치(徵)·우(羽)이며, 서양 음계로는 도·레·미·솔·라에 해당한다.

율·려(律·呂)는 음률(音律), 음악을 의미하며 음률을 조정하는 기구를 말하기도 한다. 음악은 조화가 중요하다. 그러므로 율·려는 음양의 조화를 뜻한다. 옛날에 음악을 12율·려로 나누었다. 6율은 양(陽)이고, 6려는 음(陰)이며, 이를 합해 율·려(律·呂)라 한다. 이 문장은 12율·려의 배합에 따라 음률(音律)의 변화가 있듯이, 음양(陰陽)의 변화에 따른 12달의 변화가 있다는 뜻이다.

성경은 빛으로 사시(四時)를 이루게 하였다고 한다.

하나님이 가라사대 하늘의 궁창에 광명이 있어 주야를 나뉘게 하라 또 그 광명으로 하여 징조와 사시와 일자와 연한이 이루라. (창 1:14)

And God said, "Let there be lights in the expanse of the sky to separate the day from the night, and let them serve as signs to mark seasons and days and years, (Genesis 1:14)

雲	騰	致	雨	露	結	爲	霜
云	騰	致	雨	露	结	为	霜
운	등	치	우	노(로)	결	위	상
cloud	rise	bring about	rain	dew	union	do	frost
구름	오르다	이르다 보내다	비	이슬	맺다	하다	서리

구름이 올라가 비가 되고 이슬이 맺혀서 서리가 된다.

Clouds rise up and become rain ;
the dews become morning frost.

농경사회에서 중요한 자연 현상을 설명하였다. 수기(水氣)가 위로 올라가면 구름이 되고 수기(水氣)가 뭉쳐서 아래로 내려오면 비(雨)이다. 음기(陰氣)가 맺히면 이슬이 되고 이슬이 응어리지면 서리가 된다.

〈시경·진풍·겸가(詩經·秦風·蒹葭)〉에 '갈대는 푸르고 흰 이슬은 서리가 되는데'(蒹葭蒼蒼 白露爲霜)라는 문장이 있다.

동양에는 만물을 음(陰)과 양(陽)으로 나누며 5가지 기운 중에 하나를 갖는다는 음양오행(陰陽五行)사상이 있다. 오행(五行)은 화(火)·수(水)·목(木)·금(金)·토(土)를 말한다. 화(火)는 위로 올라가는 기운이다. 수(水)는 아래로 내려가는 기운이다. 목(木)은 자라나는

속성을 갖는다. 금(金)은 단단하다. 토(土)는 받아들이는 속성이 있다. 천자문은 이 문장을
통해 오행사상을 알려주려고 한다.

우리나라 단군신화에 환인(桓因)의 아들 환웅(桓雄)이 홍익인간(弘益人間)의 뜻을 품고
풍백(風伯), 우사(雨師), 운사(雲師)를 거느리고 태백산에 내려와 신시(神市)를 열었다고
한다. 풍백, 우사, 운사는 바람, 비, 구름의 비유적 표현으로 해석하고, 이를 통해 고조선
이 농경 사회이었을 것이라고 추정한다.

성경은 구름에 비가 가득하면 땅에 쏟아진다고 한다.

구름에 비가 가득하면 땅에 쏟아지며 나무가 남으로나 북으로나 쓰러지면 그 쓰러진 곳
에 그냥 있으리라. (전 11:3)

If clouds are full of water, they pour rain upon the earth. Whether a tree falls to
the south or to the north, in the place where it falls, there will it lie.
(Ecclesiastes 11:3)

하나님은 하늘의 이슬과 땅의 기름짐이며 풍성한 곡식과 포도주로 네게 주시기를 원하
노라. (창 27:28)

27:28 May God give you of heaven's dew and of earth's richness--an
abundance of grain and new wine. (Genesis 27:28)

金	生	麗	水	玉	出	崑	岡
金	生	丽	水	玉	出	昆	冈
금	생	여(려)	수	옥	출	곤	강
gold	birth produce	be bright	water	jade precious stone	come out of	name of mountain	ridge of mountain
쇠	나다	빛나다 곱다	물	구슬 옥	나다	산이름	산등 성이

금은 여수에서 생산하고 옥은 곤강에서 산출한 것이 유명하다.
Gold is produced in River Li ; jade is produced in Mt. Kunlun.

금(金)과 옥(玉)은 사람들이 귀하게 여기는 것들이다.

여수는 중국 운남성 영창부 금사강을 말한다. 〈한비자·내저설상·칠술(韓非子·內儲說上·七術)〉에 '형남 땅 여수 가운데에서 금이 난다.'(荊南之地 麗水之中生金)라고 하였다. 〈구당서(舊唐書)〉에는 '이 지방 사람들이 강의 모래를 건져내어 일어서 정련을 하면 금이 나온다.'는 기록이 있다. 이처럼 모래 가운데에서 채취하는 금은 사금(砂金)이라고 한다.

곤강(崑岡)은 곤륜산(崑崙山)이다. 〈서경·윤정(書經·胤征)〉에 '곤륜산에서 아름다운 옥이 난다.'고 하였다. 옥(玉)으로는 〈한비자·화씨(韓非子·和氏)〉에 전하는 화씨지벽(和氏之璧)이 유명하다. 이것으로 진(秦)나라의 옥새를 만들었다는 이야기가 전한다. 화씨지벽에 관한 이야기에는 옥(玉)을 바친 변화(卞 和)의 애닯은 사연이 전해진다. (부록 참조)

중국인이 금(金)과 옥(玉)을 좋아하는 것은 이유가 있다. 금은 부(富)와 직접 연결되는 귀중품이다. 옥(玉)은 보석이기도 하지만 특히 주인을 보호해 주는 힘이 있다고 믿는다. 여성뿐 아니라 남자들도 반지나 목걸이 등 장신구로 만들어 부적처럼 여기며, 지니고 다닌다.

중국인이 금이나 옥이 아닌 것으로 좋아하는 것들로는 숫자 8과 빨강과 노랑이다. 이것들은 모두 부(富)와 관련이 있다. 중국인들은 숫자 8의 발음(ba)이 돈이 들어온다는 뜻의 발재(發財)의 발음(facai)과 유사하다고 해서 숫자 8을 좋아한다.

빨간색은 복(福)이 들어오는 색이라 생각하고 노란색은 금(金)을 상징한다 해서 좋아한다. 결혼 축의금을 빨간 봉투에 넣어 주는 것은 중국인들의 풍습이다. 중국 국기(오성홍기)는 빨간색 바탕에 노란색 별 5개가 그려져 있다. 중국 국기를 보면 이들이 빨강과 노랑을 얼마나 좋아하는지 알 수 있다.

부자 되기 원하고 안전하기 원하는 마음은 중국인만의 이야기는 아닐 것이다.

劍	號	巨	闕	珠	稱	夜	光
剑	号	巨	阙	珠	称	夜	光
검	호	거	궐	주	칭	야	광
sword	title	very big great	royal palace	pearl	call	night	light
칼	부르짖다 이름	크다	대궐	구슬	이르다	밤	빛

칼은 거궐이 유명하고 구슬은 밤에도 빛나는 야광주가 유명하다.

Geoguel, The name of sword. ; a pearl is called the 'Gleam of Night'.

중국 고대의 진귀한 보물을 소개하였다.

거궐(巨闕)은 춘추시 대 오(吳)왕 합려(闔閭)의 보검 이름이다. 어떤 사람은 월(越)왕 윤상(允常)이 갖고 있던 5자루의 보검 중 하나라고 한다. 〈순자·성악(荀子·性惡)〉에 '합려의 간장(干將), 막야(莫邪), 거궐(鋸闕), 벽려(辟閭)는 모두 옛날의 좋은 검이다.'라고 하였다. 이 검들은 모두 월나라 사람 구야자(歐冶子)가 만들었다고 한다. 구야자가 만든 칼은 서양의 엑스칼리버 정도 되는 칼로 이해하면 좋을 듯하다.

야광주는 밤에도 빛을 발하는 진주를 말한다. 고대 전설에 '아름다운 구슬로 밤이 되면 빛이 나는데 이를 명월주(明月珠)라 부른다.'고 하였다. 또 〈수신기(搜神記)〉라는 책에 '수나라 제후가 큰 뱀이 다친 것을 보고 구해 주었다. 후에 뱀이 진주를 물고와 구해준 은

혜에 보답하였는데, 이 진주가 밤에 빛나 마치 집에 촛불 켠 것 같았다.'는 이야기가 있다. 밤에도 빛이 나는 진주가 있는 모양이다. 명월주(明月珠)는 화씨지벽과 함께 춘추시대 양대 보물이다.

오(吳)와 월(越)은 서로 원수지간이다. 이와 관련하여 오월동주(吳越同舟)라는 고사성어가 있다. 오월동주는 오나라 사람과 월나라 사람이 한 배를 탄다는 뜻이나, 어려운 상황에 처하면 원수라도 협력하게 된다는 뜻 또는 사이가 나쁜 사람끼리 같은 장소와 처지에 놓인다는 뜻을 비유하는 말로 사용한다.

오(吳)나라의 왕 합려와 관련해서 와신상담(臥薪嘗膽)이라는 고사성어가 있다.

(부록 참조)

칼 거궐(巨闕)은 거궐(鋸闕)이라고 써야 맞는데 거야동정 (鉅野洞庭)이라는 문장과 겹치므로 거(巨)로 쓴 것 같다고 하는 사람도 있다.

果	珍	李	柰	菜	重	芥	薑
果	珍	李	柰	菜	重	芥	姜
과	진	리(이)	내	채	중	개	강
fruit	treasures	plum	crab apple	greens	heavy	mustard	ginger
과실	보배	자두	능금나무	나물	무겁다	겨자	생강

과실 열매로 자두와 능금(버찌)이 보배이고. 채소는 겨자와 생강이 중하다

A plum and a crab apple are the most delicious fruits ;
A mustard and gingers are fine crops.

옛 사람들은 중요한 먹거리로서 오곡(五穀; 쌀, 보리, 조, 콩, 기장), 오과(五果; 복숭아, 자두, 살구, 밤, 대추), 오채(五菜; 부추, 콩잎, 파, 아욱, 염교(중국 남부가 원산지인 쪽파 비슷하게 생긴 식물)를 꼽았다. 겨자와 생강을 중히 여긴 것은 그 맛이 맵기 때문이라고 한다.

〈본초(本草)〉에 이(李)와 내(柰)는 나무 열매로 먹을 수 있는 열매이다. 오얏은 맛이 달고 시다. 고질적인 열을 제거하고 중화한다. 능금(버찌)은 위장을 보하고 비장을 편안하게 한다.

개(芥), 강(薑)은 채소 이름이다. 풀로서 먹을 수 있는 것을 채(菜)라 한다. 겨자는 맛이 시다. 신장(콩팥)의 사한 기운을 제거한다. 구규(九竅·머리의 7개의 구멍과 아래의 2개의

구멍)를 이롭게 하고 눈과 귀를 밝게 한다고 하였다. 생강은 맛이 시고 신명을 통하게 하며 냄새를 제거한다고 하였다.

맛에는 다섯 가지가 있다. 이를 오미(五味)라고 하며 신맛(酸)·쓴맛(苦)·단맛(甘)·매운맛(辛)·짠맛(鹹)을 말한다. 한의학에서는 오미(五味)를 오행(五行) 이론과 연결 시켜 신맛은 목(木)으로 간(肝)에, 쓴맛은 화(火)로서 심(心)에, 단맛은 토(土)로서 비위(脾胃)에, 매운맛은 금(金)으로 폐(肺)에, 짠맛은 수(水)로서 신(腎)에 주로 작용한다고 한다.

성경은 씨 맺는 채소와 씨가진 열매를 먹을 수 있으나, 가증한 것은 먹지 말라고 한다.

하나님이 이르시되 내가 온 지면의 씨 맺는 모든 채소와 씨가진 열매 맺는 모든 나무를 너희에게 주노니 너희의 먹을거리가 되리라. (창 1:29)

Then God said, "I give you every seed-bearing plant on the face of the whole earth and every tree that has fruit with seed in it. They will be yours for food. (Genesis 1:29)

너는 가증한 것은 무엇이든지 먹지 말라. (신 14:3)

Do not eat any detestable thing. (Deuteronomy 14:3)

옛날에는 이(李)를 '오얏 리', 내(柰)는 '벗 내'라고 하였다. 지금은 자두와 능금나무로 풀이한다.
곡(穀) : 씨로서 먹을 수 있는 것
과(果) : 나무 열매로서 먹을 수 있는 것
채(茱) : 풀로서 먹을 수 있는 것

海	醎	河	淡	鱗	潛	羽	翔
海	咸	河	淡	鱗	潜	羽	翔
해	함	하	담	인(린)	잠	우	상
sea	salty	river	insipid	scales	sink	feather	wing fly
바다	짜다	물	맑다 묽다	비늘	잠기다	깃	빙빙 돌며날다

바닷물은 짜고 강물은 담백하다.
물고기는 물에 잠겨 있고 날개 달린 새는 공중을 난다.

Sea is salted water, river streams are not salty ;
Fishes swim in the water, birds fly high.

〈시경·대아·한록(詩經·大雅·旱麓)〉에 실린 문장을 바탕으로 글자를 뽑아, 사람이 사는 주변 생태계와 동물들을 소개하였다. 전통적으로 동양은 동물을 들짐승(수, 獸), 날짐승 (금, 禽), 벌레(충, 蟲), 물고기(어, 魚) 4종류로 분류하였다.

아주 옛날에는 미생물의 존재를 몰랐다. 미생물의 존재는 17세기 후반, 네덜란드의 안 톤 반 레벤후크에 의해 알려지게 되어 그를 세균학의 아버지라고 한다. 19C 후반에 프 랑스의 미생물학자 루이 파스퇴르가 '백조 목 플라스크 실험'을 통하여 부패와 발효가 미 생물의 작용임을 설명하였다.

성경은 새와 물고기의 출현을 다음과 같이 기록하였다.

하나님이 이르시되 물들은 생물을 번성하게 하라 땅 위 하늘의 궁창에는 새가 날으라 하시고 하나님이 큰 바다 짐승들과 물에서 번성하여 움직이는 모든 생물을 그 종류대로, 날개 있는 모든 새를 그 종류대로 창조하시니 하나님이 보시기에 좋았더라. 하나님이 그 들에게 복을 주시며 이르시되 생육하고 번성하여 여러 바닷물에 충만 하라. 새들도 땅에 번성하라 하시니라. (창 1:20-22)

And God said, "Let the water teem with living creatures, and let birds fly above the earth across the expanse of the sky." So God created the great creatures of the sea and every living and moving thing with which the water teems, according to their kinds, and every winged bird according to its kind. And God saw that it was good. God blessed them and said, "Be fruitful and increase in number and fill the water in the seas, and let the birds increase on the earth." (Genesis 1:20-22)

龍	師	火	帝	鳥	官	人	皇
龙	师	火	帝	鸟	官	人	皇
용(룡)	사	화	제	조	관	인	황
dragon	master	fire	king	bird	official	person	emperor
용	스승	불	임금	새	벼슬	사람	임금

용사는 태호 복희씨, 화제는 신농씨이다. ; 조관은 소호씨, 인황은 황제이다.

Dragon Master, Fire King ; Bird Official, Lord of Men.

중국 건국신화의 주인공들을 삼황(三皇)이라고 한다. 삼황(三皇)은 중국 고대 전설에 나오는 세 임금이다. 삼황은 천황(天皇) 지황(地皇) 인황(人皇)을 말하기도 하고 수인씨, 복희씨, 신농씨라고도 하나 여러 가지 다른 주장도 있다. 삼황에 대한 전설은 우리나라로 비유하면, 단군신화 격에 해당한다.

태호(太昊) 복희(伏羲)씨는 사냥법을 알려주고 주역(周易)의 팔괘(八卦)를 지었다고 한다. 복희 시대에는 관직 이름에 용(龍)이름을 붙여서 용사(龍師)라고 하였다.

염제(炎帝) 신농(神農)씨는 화제(火帝) 혹은 염제(炎帝)라고 불리며 관직명에 화(火)를 붙이고, 농사법을 가르쳤다고 한다.

황제(黃帝) 헌원(軒轅)씨는 의복, 수레, 배 등 인류의 문명을 만들었다고 한다. 사마천은 〈사기·오제본기(史記·五帝本紀)〉를 쓰면서 황제를 역사적 사실로 보고 오제의 첫 임금으로 기록하였다.

조관은 오제(五帝)중 첫 번째인 소호(少昊) 금천을 말한다. 〈좌전·소공(左傳·召公) 17년〉 기록에 소호(少昊) 시대에는 새 이름을 관직이름으로 삼았다고 한다.

삼황(三皇)에 대한 기록이 책마다 조금씩 달라, 여러 가지 설이 있다. 복희·신농· 황제 외에도 복희·신농·여와(女媧)라는 설, 복희·신농·수인(燧人)이라는 설, 복희·신농·유소(有巢)라는 설 등이 있다.

여와씨(女媧氏)는 중국 창조 신화에 나오는 여신으로 인간을 창조하였다. 수인씨(燧人氏)는 나무를 마찰시켜서 불을 만들어 음식을 익혀 먹고 추위를 피하는 방법을 가르쳐 주었다. 유소씨(有巢氏)는 나무를 엮어 집 짓는 방법을 처음으로 가르쳐 주었다. 삼황이 누구이든, 중국인들은 이들 삼황(三皇)이 이른바 황하문명(黃河文明)의 원초적인 틀을 마련했다고 본다.

始	制	文	字	乃	服	衣	裳
始	制	文	字	乃	服	衣	裳
시	제	문	자	내	복	의	상
beginning	make	literature	letter	hereupon	clothes	clothes	skirt
처음	마르다 만들다	글월 무늬	글자	이에	옷	옷	치마

처음 글자를 만들고 이에 윗옷(저고리)과 아래 옷(치마)를 만들었다.

The beginning of inventing chinese characters ;
therefore inventing shirts and skirts.

한자(漢字)가 만들어지게 된 이야기와 중국 문명의 시작을 설명하는 문장이다. 한자는 복희(伏羲)씨가 신하 창힐(蒼頡)에게 문자를 만들라고 명하여, 창힐(蒼頡)이 새의 발자국을 보고 처음 만들었다고 한다. 창힐은 천계에서 내려온 신이며 황제의 사관(史官)이라는 설이 있다.

황제는 그의 신하 호조(胡曹)에게 옷과 치마를 만들라고 명하였다고한다. 이것이 사람이 옷을 입게 된 시초라고 한다.

당시에는 신정정치가 행하여졌다. 왕은 전쟁, 제사 등 국가의 중대한 일이 있을 때 점(占)을 쳐서, 이 점괘를 기록하였다. 이 때 거북이 배 껍질(甲)이나 소의 견갑골(肩胛骨)에 기록하였기에 이 글자를 갑골문자(甲骨文字)라고 한다. 갑골문자가 오늘날 한자(漢字)의 원형이라고 한다.

성경은 부끄러움을 가리기 위해 옷을 만들었다고 한다.

여자가 그 나무를 본즉 먹음직도 하고 보암직도 하고 지혜롭게 할 만큼 탐스럽기도 한 나무인지라 여자가 그 열매를 따먹고 자기와 함께 있는 남편에게도 주매 그도 먹은지라, 이에 그들의 눈이 밝아져 자기들이 벗은 줄을 알고 무화과나무 잎을 엮어 치마로 삼았더라. --- 아담이 그의 아내의 이름을 하와라 불렀으니 그는 모든 산 자의 어머니가 됨이더라. 여호와 하나님이 아담과 그의 아내를 위하여 가죽옷을 지어 입히시니라. (창 3:6,7,21)

When the woman saw that the fruit of the tree was good for food and pleasing to the eye, and also desirable for gaining wisdom, she took some and ate it. She also gave some to her husband, who was with her, and he ate it. Then the eyes of both of them were opened, and they realized they were naked; so they sewed fig leaves together and made coverings for themselves. --- The LORD God made garments of skin for Adam and his wife and clothed them. (Genesis 3:6,7,21)

推	位	讓	國	有	虞	陶	唐
推	位	让	国	有	虞	陶	唐
추	위	양	국	유	우	도	당
push	position	concede	nation	there be	nation	earthen ware	name of china
밀다 추천하다	자리	사양 하다	나라	있다	나라이름 헤아리다	질그릇	당나라

임금 자리를 추천하고 나라를 선양하다 ; 유우와 도당은 순임금과 요 임금이다.

You-u and To-dang conceded the throne to wise man;
handed over the country.

요(堯)가 순(舜)에게 나라를 선양하였다는 내용으로 삼황(三皇)이후 오제(五帝)에 대한 설명을 하려고 하였다.

유우는 순(舜)이고, 도당은 요(堯)이다. 요(堯)는 도(陶)땅에 봉하여 졌다가 당(唐)으로 옮겨 도당(陶唐)이라고 하며, 순(舜)은 우(虞)나라 출신이라 유우(有虞) 혹 우순(虞舜)으로 부른다.

선양(禪讓)은 왕위를 물려주는 것이다. 선양(禪讓)은 하늘의 명을 아는 사람이 나라를 다스려야 한다는 사상(천명사상)에서 비롯되었다. 중국에서는 요 임금과 순 임금을 가장 이상적인 군주로 여기며 요·순 시대를 최고의 태평성세로 생각한다.

삼황(三皇)에 이어 5명의 성인(聖人)이 연이어 출현하였으니, 이들이 곧 오제(五帝)이다. 5제 중 첫 임금은 소호(少昊)라고도 하고 황제(黃帝)라고도 한다. 황제는 아들이 25명으로, 그중 14명이 각기 다른 부족의 시조가 되어 중국 각지에 여러 나라를 만들었다고 한다. 이것이 황제가 이른바 화이족(華夏族) 오늘날 중화민족(中華民族)의 공동조상이 되는 이유이다.

사마천은 〈사기·오제본기〉에서 황제의 시대 상황을 추정하면서 황제를 중국 문명의 창시자로 꼽았다. 황제 이후 전욱(顓頊)·제곡(帝嚳)·요(堯)·순(舜)의 4帝가 잇달아 즉위했는데, 이들이 황제의 정신과 정치 방침을 더욱 발전시켰다고 한다.

삼황오제 시대를 잇는 나라는 하(夏)이다. 사람들은 하(夏)도 전설의 시대라고 생각하였는데, 하왕조(夏王朝)가 BC 21C경 – BC 17C경에 실재하였다는 학설이 등장하게 되었다. 특히 하남 정주(河南 鄭州)에서 발굴된 낙달묘(洛達廟)와 언사(偃師)의 이리두(二里頭) 유적을 통해 고고학(考古學)적으로 하(夏)의 실재를 뒷받침하려 하고 있으나 아직까지는 실재론에 대해 의견이 분분하다.

사기(史記)에 따르면 하(夏) 최초의 왕인 우(禹)는 순(舜)으로부터 왕위를 선양받았으며, 우왕 자신은 왕위를 아들인 계(啓)에게 물려주었다고 한다. 이후 추천에 의한 선양 형식으로 이어져 오던 통치자의 계승이 하(夏)대부터 아들에게 세습됨으로써 공천하(公天下)사상이 무너지고 가천하(家天下)사상이 시작되었다. (부록 참조)

추(推) : 추천하다 천거하다
퇴(推) : 물러나다 그만두다 퇴(退)와 같은 뜻
퇴고(推敲) : 시구를 지을 때 자구를 생각하여 고치는 것
퇴위(退位) : 임금의 자리에서 물러남

弔	民	伐	罪	周	發	殷	湯
吊	民	伐	罪	周	发	殷	汤
조	민	벌	죄	주	발	은	탕
condolence	people	attack	crime	round	spout	nation	boil
조심 하다	백성	치다	허물	주루	피다 쏘다	성하다	끓이다

백성을 위문하고 죄 있는 자를 토벌하였다 ;
주발은 주(周)의 무왕이고 은탕은 은(殷)의 탕왕이다.

King Mu and King Tang sent empathy to hurted
people and expelled a guilty despot.

　은(殷)의 탕왕과 주(周)의 무왕을 소개하면서, 중국 역사가 하(夏)·은(殷)·주(周) 로 이어
진다는 의도를 담았다.

　은탕(殷湯)은 은(殷)의 개국 군주 성탕(成湯)을 말한다. 탕왕은 이윤(伊尹) 등의 도움을
받아 하(夏)의 마지막 왕 걸(桀)을 토벌하고 은(殷)을 세웠다. 은(殷)을 상(商)이라고도 한
다.

　주발(周發)은 주(周) 무왕(武王) 희발(姬發)이다. 주의 무왕은 은(殷)의 마지막 왕 주(紂)
를 몰아내었다. 무왕은 은의 폭군 주(紂)왕을 토벌할 때, 여상(강태공)의 도움을 받았다.

　걸(桀)과 주(紂)는 백성에게 원성이 자자한 폭군이었다. 주지육림(酒池肉林)이라는 사자
성어는 걸(桀)과 주(紂)의 폭정에서 나온 말이다. 〈천자문〉의 저자는 무왕과 탕왕의 이야

기를 통해 군주는 백성을 사랑하는 마음으로 다스려야 한다는 것, 즉 덕치주의(德治主義)를 주장하고 있다.

하(夏)의 실체에 대하여 이견이 있음을 감안하면, 은(殷)이 기원전 18세기경 황하 중류에서 일어난 중국 최초의 국가이다.(B.C. 1800~1122) 전설에 의하면 탕(湯)이 하(夏)를 멸하고 박(亳:산동성 조현)에 정도하여 은(殷)을 세웠다고 한다. 그 후 19대왕 반경(盤庚) 때 은허(殷墟:하남성 안양현 소둔촌)로 천도하였고 22대왕 무정(武丁) 때에 재상 부열(傅說)의 도움을 받아 전성기를 맞이하였다. 은(殷)은 300여 년간 지속되었으며 기원전 11세기경 주(紂)왕 때 서쪽 위수(渭水) 분지에서 일어난 주(周)나라 무왕(武王)에게 멸망당하였다.

은(殷)은 옛날 모계사회의 유풍이 남아있었던 것으로 보이는 부계사회로, 형제상속, 인신제물, 갑골문, 노예제, 청동기의 특징을 가지고 있었던 것으로 추정한다.

은허(殷墟)는 하남성 소둔촌(小屯村) 일대의 은 왕조 유적으로서, 1934년까지 1250여 분묘가 발굴되었다. 이곳에서 갑골문자와 각종 청동기·옥기·상아제품·도자기 등이 출토되어 전설적인 은(殷)왕조가 역사상 실재했던 왕조로 밝혀지게 되었다.

坐	朝	問	道	垂	拱	平	章
坐	朝	问	道	垂	拱	平	章
좌	조	문	도	수	공	평	장
sit	morning court	ask	road	hang dawn	folding one's	even	chapter
앉다	아침 조정	묻다	길, 이치	드리 우다	두 손을 맞잡다	평평 하다	글

조정에 앉아 (백성을 다스리는) 도를 묻는다.
두 손을 맞잡고 겸손히 하여 공정한 정치를 펼친다.

Seating down at the court and asking the Way ;
behave humbly and play fair politics. preside

하늘(天)은 백성을 사랑한다. 천명(天命)을 아는 왕도 백성을 사랑한다. 백성을 사랑하는 것은 백성을 존중하는 것이다. 그러므로 백성을 존중하는 왕, 곧 천명을 받은 왕은 두 손을 잡고 겸손한 자세로 조정에 앉아, 주변의 현인과 선비들에게 예를 갖추고, 이들에게 치국의 도리를 물으며 나라를 다스리니 천하가 태평하다는 것이다.

〈상서(尙書)〉에 '가만히 있어도 나라가 다스려진다.'(垂拱而天下治)는 글이 있다. 이는 나라 다스리는 것을 억지로 하는 것이 아니라 순리에 따른다는 뜻이다. 이는 군주와 신하들이 국가 시스템 작동을 투명하고 공명정대하게 운영하면, 국민들이 그 시스템 작동에 거스르지 않고 순종하며 산다는 뜻이다. 유가(儒家)는 이러한 정치 원리에 따라, 공명정대하게 나라를 운영한 대표적 군주가 요(堯)와 순(舜)이라고 본다.

은(殷)의 뒤를 이은 나라는 주(周)이다.(B.C. 1122~770) 주(周)는 B.C. 12세기경 주(周) 무왕(武王)이 은(殷)을 멸하고 호경(鎬京;지금의 西安)에 도읍했다.

주(周)는 종법제를 바탕으로 한 봉건제를 통하여 나라를 다스렸다. 주(周)의 왕은 본국인 산서(山西) 지방만을 직할지로 통치하고 기타 지역은 왕족이나 공신들을 제후(諸侯)로 봉해 분할 통치하며 그 지위를 세습토록 했다. 그 대신 제후들은 왕에게 공납과 군사적 의무를 지게 하였다. 주(周)의 봉건제도는 혈연관계를 기반(종법제도)으로 지위가 세습되었다는 점에서 쌍무적 계약 관계로 이루어진 서양 중세의 봉건제도와는 다르다.

주(周)는 백성들에게 토지를 지급하였는데 이를 정전제(井田制)라고 한다. 정전제는 우물 정(井)자 모양으로 토지를 나누어 8가구에게 한 구역 씩 나눠주고, 가운데 구역은 공동 경작케 하여 그 수확물을 국가에 납부하게 하는 제도이다.

좌조(坐朝) : 왕위에 앉는 것을 의미.
문도(問道) : 올바른 정치를 묻는 것.
수공(垂拱) : 옷을 내리고 두 손을 맞잡고 힘쓰는 기운을 드러내지 않는 것.
평장(平章) : 마디를 분명히 변별하는 것 즉 공정한 정치를 편다는 뜻.

愛	育	黎	首	臣	伏	戎	羌
愛	育	黎	首	臣	伏	戎	羌
애	육	여(려)	수	신	복	융	강
love	bring up	black	head	subject	lie flat	weapons	weapons
사랑	기르다	검다	머리	신하	엎드리다	병장기 오랑캐	종족 이름

왕이 백성들을 사랑으로 다스리면, 이민족들도(융족, 강족) 신하가 되어 엎드린다.

With love, a king teaches his black hair (a parable to ordinary people) ; makes Jung and Kang tribes in submission.

덕치(德治)가 이루어지면, 즉 공명정대한 정치가 베풀어지면 주변 민족이 스스로 찾아오는다는 뜻이다.

여수(黎首)는 머리털이 검은 사람이라는 뜻으로 일반 백성, 평민을 말한다. 사람이 늙으면 머리가 백발이 된다. 머리가 검은 사람은 젊은이다. 젊은이는 생산에 종사하는 사람으로 국가에 조세와 병역을 담당하였다. 그러므로 국가(왕)는 조세와 병역을 담당하는 백성들을 존중하여 그에 합당한 대우를 해주어야 한다. 왕이 의무를 다하고 덕치를 베풀고, 백성도 자기의 의무를 다하면 국가는 자연히 부강해 진다. 그래서 이민족들은 이를 보고 기꺼이 신하로 받아달라고 찾아온다는 것이다.

융(戎),강(羌)은 고대 중국 서부 변경 지방의 소수 민족이다. 중국 사람들은 자신들만이 문화 민족이라고 하고 주변 민족들을 동이(東夷) 서융(西戎) 남만(南蠻) 북적(北狄)이라고 부르며 모두 오랑캐라고 하였다. 이러한 중국인들의 생각을 중화(中華)사상이라고 한다.

옛 중국인들은 우리 민족을 동이족(東夷族)이라고 불렀다. 동쪽의 예의 밝은 민족의 나라라는 뜻을 가진 동방예의지국(東方禮儀之國)이라는 말도 중국인 중심의 표현이다.

고대 중국과 고대 서양의 그리스에서 이웃 민족을 야만인으로 인식하였던 시각의 공통점을 발견할 수 있다.

고대 그리스인들은 그리스 신화를 공유하여 동일한 민족, 종교, 언어, 습속으로 강한 민족의식을 가졌다. 이들은 동족의식을 바탕으로 자신들만이 헬렌의 자손(헬레네스 Hellenes)이며 주변 부족들은 '알 수 없는 말을 쓰는 사람'(바르바로이Barbaroi)이라고 하여 자신들과 구분하였다. 이로 인해 다른 폴리스인은 외국인으로 간주되어 참정권이 없었다. 이처럼 서양의 고대 그리스인들의 사회는 폐쇄적 공동체였다.

헬렌은 프티아(에우보이아 만의 북쪽 끝 지역)의 왕이었고, 프로메테우스 신의 손자라고 한다. 영어로 바바리안(barbarian)은 야만인, 미개인이라는 뜻이다.

遐	邇	壹	體	率	賓	歸	王
遐	迩	一	体	率	宾	归	王
하	이	일	체	솔	빈	귀	왕
distant	near	one	body	lead	visitor	return	king
멀다	가깝다	일 하나	몸 격식	거느 리다	손님	돌아 오다	왕

먼 곳 백성이나 가까운 곳 백성이나 모두 하나이다.
거느리고 복종하여 왕에게 돌아온다.

They join as one from far and near ;
everyone returns to the king and obeys him.

군주(君主)가 덕치(德治)를 베풀면, 먼 곳에 사는 백성이든 가까운 곳에 사는 백성이든 모든 백성들이 감동하여 식솔들을 거느리고 스스로 찾아와 순종하여 천하가 하나 된다는 뜻이다. 이렇게 하나가 되는 것을 대동(大同)이라고 한다. 대동(大同)이란 사람들의 마음이 하나가 되고 온 세상이 번영하여 화평하게 된다는 뜻이다.

〈시경·소아·북산(詩經·小雅·北山)〉에 '대개 하늘 아래, 왕의 땅 아닌 것 없으며 땅에 딸린 백성치고 왕의 신하 아닌 이가 없다.'(溥天之下 莫非王土 率土之濱 莫非王臣)라는 문장이 있다. 이처럼 모든 토지가 왕의 것이라는 사상을 왕토사상(王土思想)이라고 한다. 왕토사상은 왕이 하늘의 아들이어야 함을 전제로 한다. 그러므로 진정한 하늘의 아들은 천명을 받아 덕치를 베풀며 공명정대(公明正大)하게 다스리기에, 먼 곳의 백성이 스스로 찾아와 신하가 된다는 것이다.

유가(儒家)에서는 요·순 시대가 최고의 태평성대를 이루었던 시대로 보며, 공자는 예(禮)에 기초하여 봉건제도를 실시한 주(周)나라를 이상국가로 보았다.

성경은 백성이 많은 것은 왕의 영광이라고 한다.

백성이 많은 것은 왕의 영광이요 백성이 적은 것은 주권자의 패망이니라.

(잠 14:28)

A large population is a king's glory, but without subjects a prince is ruined.

(Proverbs 14:28)

인구의 감소, 끊임없는 재정난, 행정의 부패는 국가 몰락의 징조다. 그러나 백성이 많다는 것은 인구가 증가했다는 것이다. 인구 증가의 요인은 내부적 요인과 외부적 요인이 있다. 내부적 요인은 경제 발전에 따르는 결과이다. 외부적 요인은 외부 인구의 유입이다. 백성이 많다는 것은 나라가 커졌다는 뜻이다.

솔빈(率賓) : 복종한다는 의미.
일(壹)을 일(一)로 표기한 간자 천자문이 있다.

鳴	鳳	在	樹	白	駒	食	場
鸣	凤	在	树	白	驹	食	场
명	봉	재	수	백	구	식	장
cry	phoenix	exist	tree	white	foal	food	ground
울다	봉황	있다	나무	희다	망아지	먹다	마당

봉황이 나무에서 울고 흰 망아지는 마당에서 풀을 먹는다.

The phoenix sings on a bamboo-tree ; A white pony grazes at pasture land.

요(堯)·순(舜)같은 군주가 현명한 신하들과 함께 좌조문도(坐朝問道)하며, 애육여수(愛育黎首)하여, 태평성대한 세상이 된다는 것을 비유한 문장이다. 봉황(鳳凰)은 동양에서 상서로운 새로서, 성군(聖君)을 의미한다. 봉황의 등장은 현명한 군주가 때에 맞추어 나옴을 비유한다. 〈연공도(演孔圖)〉에 '봉황이 대나무 숲에서 소리 내어 울다. 봉황은 대나무 열매 아니면 먹지 않는다.' 라는 문장을 바탕으로 하였다.

백구(白駒)는 성군의 신하가 타고 온 망아지이다. 백구(白駒)는 다 자라지 못한 흰 말로, 현자가 타고 다닌다고 한다. 백구가 채소밭에 있다는 것은 현자가 등용되어 있음을 뜻한다. 〈시경·소아·백구(詩經·小雅·白駒)〉에 '흰 망아지가 채소밭에서 풀을 뜯어먹는다.'(皎皎白駒 食我場苗)에서 뜻을 취하였다.

나라가 태평성대를 이루면 문화가 발전한다. 이런 관점에서 서주(西周)의 문화는 주목할 만하다. 중국 최고(最古)의 고전으로 시경, 서경(상서), 예기, 역경을 꼽는다. 이러한 책들은 춘추시대에 만들어졌다. 그러므로 서주 시대가 실질적으로 중국 고전(古傳)이 만들어진 시대라고 할 수 있다. (부록 참조)

성경은 공의로 심판하는 충신(忠臣)을 백마 탄 사람이라고 하였다.

또 내가 하늘이 열린 것을 보니 보라 백마와 그것을 탄 자가 있으니 그 이름은 충신과 진실이라 그가 공의로 심판하며 싸우더라. (계 19:11)

I saw heaven standing open and there before me was a white horse, whose rider is called Faithful and True. With justice he judges and makes war. (The Revelation 19:11)

phoenix : 이집트 신화의 불사조이다. 불사조는 600년에 한번 씩 스스로 타 죽고 그 재속에서 다시 태어난다고 한다. 여기서는 봉황을 phoenix로 번역하였다.
중국 천자문에는 수(樹) 대신 죽(竹)으로 표기하였다.

化	被	草	木	賴	及	萬	方
化	被	草	木	赖	及	万	方
화	피	초	목	뇌(뢰)	급	만	방
change	receive	grass	tree	trust to	reach	ten thousand	direction
되다	입다	풀	나무	힘입다	미치다	일만	모 방향

교화의 덕이 초목을 덮으니, 군주의 덕에 힘입음이 온 세상에 미친다.

The virtue of wise teaching covers each plants and trees ;
people appreciate for wise teaching everywhere.

천명(天命)을 받은 참된 군주의 덕(德)이 천하 만물에 미치니, 태평성대가 되었다는 뜻이다. 앞 문장에서 봉황이 대 숲에 있고 흰 망아지가 풀을 뜯는 비유로, 나라에 필요한 인재가 적재적소에 배치되어 제 자리에 앉아 자기 역할을 다하니 국가 시스템이 잘 운영됨을 말하였다. 국가가 잘 운영되는 것이 곧 태평성대이다.

천명을 아는 군주가 공명정대하게 정치를 펼치면 세상의 모든 일이 밝히 드러난다. 그러면 백성들은 밝은 세상이 왔다고 한다. 혹은 군주가 밝은 정치를 편다고 말한다. 이것이 밝음이다. 밝은 세상이 돌아온 것을 광복(光復)이라고 한다. 우리나라 광복절(光復節)에는 이런 의미가 깔려있어, 잃었던 주권을 되찾고 밝은 세상이 다시 회복되었다는 뜻이다.

성경은 자기 짐은 자기가 지고 합력하여 선을 이루라 한다.

우리가 그에게서 듣고 너희에게 전하는 소식은 이것이니 곧 하나님은 빛이시라 그에게는 어둠이 조금도 없으시다는 것이니라. (요일 1:3)

This is the message we have heard from him and declare to you: God is light; in him there is no darkness at all. (1 John 1:3)

우리가 알거니와 하나님을 사랑하는 자 곧 그의 뜻대로 부르심을 입은 자들에게는 모든 것이 합력하여 선을 이루느니라. (롬 8:28)

And we know that in all things God works for the good of those who love him, who have been called according to his purpose.(Romans 8:28)

각각 자기의 짐을 질 것이라. 가르침을 받는 자는 말씀을 가르치는 자와 모든 좋은 것을 함께 하라. (갈 6:5-6)

for each one should carry his own load. Anyone who receives instruction in the word must share all good things with his instructor. (Galatian 6:5-6)

화(化) : 교화되어 변한다는 뜻
피(被) : 더해지는 것 미치는 것 덮는 것.
뢰(賴) : 이로움을 뜻한다.
만방(萬方) : 천하, 온 세상을 의미.

蓋	此	身	髮	四	大	五	常
盖	此	身	发	四	大	五	常
개	차	신	발	사	대	오	상
cover	this	body	hair	four	big	five	always
덮다	이 이것	몸 신체	터럭	넷 사방	크다 넓다	다섯	항상 불변

대개 우리 몸에 네 가지 큰 것과 다섯 가지 항상 있어야 할 것이 있다.

Our body and hairs has four great things and five principles.

4대(四大)는 사람이 몸과 명예를 깨끗이 함에 있어서 지켜야할 네 가지 큰 명분이다. 유가(儒家)에서는 천(天)·지(地)·군(君)·부(父), 도가(道家)에서는 도(道)·천(天)·지(地)·인(人), 불가(佛家)에서는 지(地)·수(水)·화(火)·풍(風)을 사대(四大)라고 한다.

5상(五常)은 사람으로서 필요한 항상 있어야 할 다섯 가지 덕목이자 규범으로, 인(仁) 의(義) 예(禮) 지(知) 신(信)을 말한다. 이를 5륜(五倫)이라고도 한다.

5상에서 발전한 윤리 의식이 삼강오륜(三綱五倫)이다.

삼강(三綱)은 군위신강(君爲臣綱) 부위부강(夫爲婦綱) 부위자강(父爲子綱)을 말한다.

오륜(五倫)은 부자유친(父子有親) 군신유의(君臣有義) 부부유별(夫婦有別) 장유유서(長幼有序) 붕우유신(朋友有信)을 말한다.

유가(儒家)의 창시자는 공자(孔子)이다. 이름은 구(丘), 자(字)는 중니(仲尼). 노(魯)나라 곡부(曲阜) 출신이다. 그의 사상은 〈논어(論語)〉에 잘 나타나 있으며 생활의 규범으로 예(禮)를, 도덕의 중심으로 인(仁)을 중시하였다. 인(仁)의 성취는 가족 간의 효제(孝悌)로부터 시작되므로 수신제가(修身齊家)를 이루고, 다음에 치국평천하(治國平天下)를 할 수 있다고 보았다. 이처럼 가족 도덕을 정치의 최고 원칙으로 보았기 때문에 실력을 제일로 여기는 당시의 제후들에게 받아들여지지 않아 일생을 교육으로 마쳤다. 공자는 〈논어(論語)〉에서 '글을 서술하되 꾸미지 않는다.(술이불작 述而不作)'라는 문장으로 자신의 역사관, 인생관을 함축하여 표현하였다. 이를 춘추필법(春秋筆法)이라고 한다.

공자의 정치관은 천명사상(天命思想)에 바탕을 둔 덕치(德治主義)였으나, 그 이론의 기초는 계층적 신분 질서가 전제된 봉건제를 옹호하는 데서 출발하고 있다.

성경은 믿음, 소망, 사랑 세 가지를 중히 여긴다.

그런즉 믿음, 소망, 사랑, 이 세 가지는 항상 있을 것인데 그 중의 제일은 사랑이라. (고전 13:13)

And now these three remain: faith, hope and love. But the greatest of these is love. (1 Corinthians 13:13)

신발(身髮) : 신체발부(身體髮膚)의 준말. 부모님이 낳아 주신 정신이 담긴 몸이란 뜻.

恭	惟	鞠	養	豈	敢	毀	傷
恭	惟	鞠	养	岂	敢	毁	伤
공	유	국	양	기	감	훼	상
politeness	think	nourish	bring up	how	brave	ruin	injure
공손하다	생각하다	기르다	기르다	어찌 반어의 조사	감히	헐다	상처 다치다

(부모가 자식을) 양육하였음을 공손히 생각하면, 어찌 감히 (우리 몸을) 훼손시키랴

Think politely about parenting children ; how can we damage our bodies?

우리 몸을 상하게 하고, 우리가 몸을 다치면, 부모님이 마음 아파하신다. 그러므로 부모의 마음을 아프지 않게 하는 것이 효(孝)의 시작이라는 것이다. 그래서 옛 사람들은 머리를 자르는 것도 불효라고 생각하고, 상투를 틀게 되었다고 한다.

〈효경(孝經)〉에 '우리 몸은 부모님에서 받은 것이니 감히 훼손시키지 않는 것이 효의 시작이다.'(身體髮膚 受之父母 不敢毀傷 孝之始也)에서 취했다.

성경에서 효도는 십계명에 속하는 엄중한 명령이다.

네 부모를 공경하라. 그리하면 너의 하나님 나 여호와가 네게 준 땅에서 네 생명이 길리라. (출 20:12)

Honor your father and your mother, so that you may live long in the land the LORD your God is giving you. (Exodus 20:12)

너희 각 사람은 부모를 경외하고 나의 안식일을 지키라. 나는 너희 하나님 여호와니라. (레 19:3)

Each of you must respect his mother and father, and you must observe my Sabbaths. I am the LORD your God. (Leviticus 19:3)

너는 너의 하나님 여호와의 명한 대로 네 부모를 공경하라. 그리하면 너의 하나님 여호와가 네게 준 땅에서 네가 생명이 길고 복을 누리리라. (신 15:16)

Honor your father and your mother, as the LORD your God has commanded you, so that you may live long and that it may go well with you in the land the LORD your God is giving you. (Deuteronomy 15:16)

공유(恭惟) : 스스로 낮추는 말. 오직 존경하는 생각과 궁극적인 뜻만 생각하는 것.
국양(鞠養) : 양육한다.

女	慕	貞	烈	男	效	才	良
女	慕	贞	烈	男	效	才	良
여(녀)	모	정	렬(열)	남	효	재	량(양)
woman	longing	virtuous	violent	man	imitate	talent	good
여자 딸	그리워 하다	곧다 정조	세차다	사내 장부	본받다	재주 기본	좋다 어질다

여자는 정절을 굳게 지키는 것을 흠모하고 남자는 재능과 어짊을 본받는다.

Girls admire the chaste and pure ; boys hopes to be talented and do well.

남자와 여자가 갖추어야 할 덕목을 소개하였다. 옛 사람들은 남자와 여자가 다르다고 보았다. 남자와 여자가 다르므로 남·여 간 역할이 다르고, 역할이 다르기에 남녀의 덕목이 다르고 분별이 있다는 것이다. 이를 남녀유별(男女有別)이라고 한다. 남녀유별이 남녀 차별로 바뀌는 것은 잘못된 것이다.

〈예기·내칙(禮記·內則)〉에 '남자와 여자가 7살이 되면 자리를 같이 하지 않는다.'(男女七歲不同席)하였다. 이 말은 남녀유별(男女有別)사상을 자세히 표현한 말이다.

성경은 모든 사람에게 정결을 요구하며 남녀의 역할을 말하였다.

모든 사람은 결혼을 귀히 여기고 침소를 더럽히지 않게 하라 음행하는 자들과 간음하는 자들을 하나님이 심판하시리라. (히 13:4)

Marriage should be honored by all, and the marriage bed kept pure, for God will judge the adulterer and all the sexually immoral. (Hebrews 13:4)

그러므로 각처에서 남자들이 분노와 다툼이 없이 거룩한 손을 들어 기도하기를 원하노라. 또 이와 같이 여자들도 단정하게 옷을 입으며 소박함과 정절로써 자기를 단장하고 땋은 머리와 금이나 진주나 값진 옷으로 하지 말고, 오직 선행으로 하기를 원하노라 이것이 하나님을 경외한다 하는 자들에게 마땅한 것이니라. (딤전 2:8-10)

I want men everywhere to lift up holy hands in prayer, without anger or disputing. I also want women to dress modestly, with decency and propriety, not with braided hair or gold or pearls or expensive clothes, but with good deeds, appropriate for women who profess to worship God. (1Timothy 2:8-10)

정렬(貞烈) : 정직하고 지조를 지킴이 있다. 중국 간자 천자문은 정결(貞洁)로 썼다.
재량(才良) : 재능이 뛰어나고 품성과 덕성이 고상함.
모(慕) : 사랑하고 그리워한다는 뜻

知	過	必	改	得	能	莫	忘
知	过	必	改	得	能	莫	忘
지	과	필	개	득	능	막	망
know	pass by fault	by all means	reform	gain	ability	do not	forget
알다	지나다	반드시	고치다	얻다 이익	능하다	없다	잊다

허물을 알면 반드시 고친다. 배워 얻은 후에 잊지 말아야 한다.

Be aware of wrong, you must then change ;
Don't forget what you've learned.

사람이 자신의 허물을 깨닫는 것은 매우 중요하다. 자신의 실수와 허물을 깨닫게 되면 이를 고쳐나가야 한다. 후회(後悔)는 잘못을 깨닫고 뉘우치는 것이다. 회개(悔改)는 잘못을 뉘우치고 바로잡는 것이다. 후회와 회개는 차원이 다르다. 기독교에서는 회개(悔改)하라고 가르친다. 유가(儒家)에서도 착함을 보면 이를 따르고 허물을 알면 반드시 고치라고 한다.(見善從之 知過必改)

〈논어·학이(論語·學而)〉에 '잘못이 있으면 고치기를 꺼려하지 말아야 한다.(過則勿憚改)'는 문장이 있다.

성경은 회개하지 않는 것은 스스로 자기 죽일 도구를 예비하는 행위로 본다.

하나님은 의로우신 재판장이심이여 매일 분노하시는 하나님이시로다. 사람이 회개하지 아니하면 그가 그의 칼을 가심이여 그의 활을 이미 당기어 예비하셨도다. 죽일 도구를 또한 예비하심이여 그가 만든 화살은 불화살들이로다. (시 7:11-13)

God is a righteous judge, a God who expresses his wrath every day. If he does not relent, he will sharpen his sword; he will bend and string his bow. He has prepared his deadly weapons; he makes ready his flaming arrows.

(Psalms 7:11-13)

여호와를 경외하는 것이 지식의 근본이거늘 미련한 자는 지혜와 훈계를 멸시하느니라. (잠 1:7)

The fear of the LORD is the beginning of knowledge, but fools despise wisdom and discipline. (Provers 1:7)

과(過) : 어긋나는 것, 착오. 허물

罔	談	彼	短	靡	恃	己	長
罔	谈	彼	短	靡	恃	己	长
망	담	피	단	미	시	기	장
not	converse	he, that	short	not	rely on	by one self	long
없다 그물 속이다	말씀 언론	저 3인칭	짧다	없다 쓰러지다	믿다	자기	길다 길이

남의 단점을 말하지 말고 자기의 장점을 믿지 말라.

Don't speak of other's shortcomings ; don't believe in your own strengths.

남의 단점을 말하는 것은 남을 비판하는 것이기도 하지만, 한편으로는 자기 자신을 드러내는 행위이기도 하다. 이 문장은 옛 글에 '남의 단점은 말하지 말고 자신의 장점을 드러내 말하지 마라.'(無道人之短 無說己之長) 라는 글의 뜻과 같다.

우리 속담에 '제 흉은 선반위에 올려놓고 남의 흉은 잘본다' 라는 말이 있다.

성경은 비판하지 말고 겸손하여 존귀하게 살라고 한다.

허물을 덮어 주는 자는 사랑을 구하는 자요 그것을 거듭 말하는 자는 친한 벗을 이간하는 자니라. (잠 17:9)

He who covers over an offense promotes love, but whoever repeats the matter separates close friends. (Proverbs 17:9)

비판을 받지 아니하려거든 비판하지 말라. 너희가 비판하는 그 비판으로 너희가 비판을 받을 것이요 너희가 헤아리는 그 헤아림으로 너희가 헤아림을 받을 것이니라. 어찌하여 형제의 눈 속에 있는 티는 보고 네 눈 속에 있는 들보는 깨닫지 못하느냐. (마 7:1-3)

"Do not judge, or you too will be judged. For in the same way you judge others, you will be judged, and with the measure you use, it will be measured to you. "Why do you look at the speck of sawdust in your brother's eye and pay no attention to the plank in your own eye? (Matthew 7:1-3)

사람의 마음의 교만은 멸망의 선봉이요 겸손은 존귀의 길잡이니라. (잠 18:12)

Before his downfall a man's heart is proud, but humility comes before honor. (Proverbs 18:12)

망(罔) : 없다, 불필요하다. 라는 뜻.
피(彼) : 타인.
미(靡) : 없다, 불요하다는 뜻.

信	使	可	覆	器	欲	難	量
信	使	可	覆	器	欲	难	量
신	사	가	복	기	욕	난	량
believe	employ	right can	over turn	vessel	desire	difficult	quantity
믿다	하여금	옳다 가히	다시 엎다 뒤집다	그릇	바라다	어렵다	헤아리다

믿음은 다시 가히 실행할 수 있어야 하고 그릇(도량)은 헤아리기 어려워야 한다.

Faith should be practiced again ; magnanimities are hard to measure.

　사람은 신용(信用)이 있어야 하며 마음 씀씀이는 남들이 헤아리기 어려울 만큼 깊고 넓어야 한다는 뜻이다. 원래 신(信)은 사람의 말이라는 뜻이다. 말은 약속이다. 약속은 믿음을 바탕으로 한다. 믿음은 반복된 체험을 통해서 생긴다. 그러므로 말(약속·믿음)은 사람들로 하여금 실행할 수 있게 하여야 한다. 신용은 상호작용이다.

　〈논어·학이(論語·學而)〉에 '약속은 의에 가까워야 그 말을 실천할 수 있고 공손함은 예에 가까워야 부끄러움을 멀리 할 수 있다.(信近於義 言可復也 恭近於禮 遠恥辱也)'라는 문장이 있다.

성경은 행동이 따르지 않는 믿음은 죽은 것이라고 한다.

태초에 말씀이 계시니라 이 말씀이 하나님과 함께 계셨으니 이 말씀은 곧 하나님이시니라. (요 1:1)

In the beginning was the Word, and the Word was with God, and the Word was God. (John 1:1)

믿음은 바라는 것들의 실상이요 보이지 않는 것들의 증거니. (히 11:1)

Now faith is being sure of what we hope for and certain of what we do not see. (Hebrews 11:1)

만일 형제나 자매가 헐벗고 일용할 양식이 없는데 너희 중에 누구든지 그에게 이르되 평안히 가라, 덥게 하라, 배부르게 하라 하며 그 몸에 쓸 것을 주지 아니하면 무슨 유익이 있으리오. 이와 같이 행함이 없는 믿음은 그 자체가 죽은 것이라. (약 2:15-17)

Suppose a brother or sister is without clothes and daily food. 2:16 If one of you says to him, "Go, I wish you well; keep warm and well fed," but does nothing about his physical needs, what good is it? 2:17 In the same way, faith by itself, if it is not accompanied by action, is dead. (James 2:15-17)

복(覆) : 여기서의 복(覆)은 경험(체험)의 반복(反復)이다. 덮다의 뜻으로 쓸 때는 부(覆)로 읽는다. 중국 천자문에는 복(覆)으로 표기 한 것도 있고, 복(復)으로 표기한 것도 있다.

墨	悲	絲	染	詩	讚	羔	羊
墨	悲	丝	染	诗	赞	羔	羊
묵	비	사	염	시	찬	고	양
ink-stick	sorrow	thread	dye	poetry	praise	goat	sheep
먹 검다	슬프다	실 실을잣다	물들 이다	시 시경	기리다	새끼 양	양

묵자는 흰 실이 염색되는 것을 슬퍼하였다.
시경은 〈고양〉편에서 어린 양을 찬양하였다.

Mozi felt sad about white silk was being dyed ;
The Poem "the little lamb" praised a little lame.

묵(墨)은 묵자(墨子)이다. 사람의 깨끗한 마음이 검게(악하게) 물드는 것을 슬퍼하였다는 비유를 통해 묵자의 사상을 소개하였다. 흰 실에 검은 물이 들면 다시 희게 되지 못함을 비유하여, 사람은 매사에 조심하여야 한다는 뜻으로 해석한다.

고양(羔羊)은 〈시경·소남(詩經·召南)〉에 실린 시로서, 장관과 고위관리들의 인품과 덕을 비유한 시이다. 고양(羔羊)은 어린 양 혹은 양가죽을 말한다. 양은 부드러운 가죽을 사람들에게 제공하는데, 이 부드러움과 가죽을 제공하는 희생을 장관과 고위관리들의 고결한 품격으로 비유한 것이다.

묵자(BC480-390)의 원래 이름은 묵적(墨翟)이다. 묵자는 처음에 유가(儒家)를 공부하였다. 그러나 자신이 수공업자 출신인 만큼 유가의 예(禮)가 민생을 해친다는 비판적 시각에서 하층계급에 동정적이었다. 묵자는 인간의 이기심과 편애가 세상을 혼란케 하는 해악의 근본으로 보았다. 귀족의 사치를 이기심으로 보고 반대하였고, 유가의 예악(禮樂)에도 민생에 이롭지 않다고 생각하고 반대하였다. 나아가 유가의 차별적 인(仁)에 대하여 무차별의 겸애(兼愛說)와 상호부조를 주장하였다. 백성의 희생 위에 감행되는 전쟁도 반대하였다.

겸애(兼愛)는 사람을 가리지 않고 모든 사람을 똑같이 사랑한다는 뜻이다. 남의 아들도 내 아들같이 사랑하고, 이웃어른도 내 부모처럼 대하는 차별 없는 사랑이 겸애이다.

성경은 사람의 마음이 부패함을 지적하며 어린 양이 사람에게 옷을 제공함도 칭송하였다.

만물보다 거짓되고 심히 부패한 것은 마음이라 누가 능히 이를 알리요. (렘 17:9)

The heart is deceitful above all things and beyond cure. Who can understand it? (Jeremiah 17:9)

어린 양의 털은 네 옷이 되며 염소는 밭을 사는 값이 되며. (잠 27:26)

the lambs will provide you with clothing, and the goats with the price of a field. (Proverbs 27:26)

景	行	維	賢	克	念	作	聖
景	行	维	贤	克	念	作	圣
경	행	유	현	극	념	작	성
view	go, do	tie	wise	overcome	think	make	holy
경치 빛	가다 걷다	벼리 밧줄 매다	어질다	이기다	생각 하다	짓다 일어나다	성스 럽다

큰 덕행은 현명한 사람을 만들고 사사로운 생각을 이기면 성인이 된다.

Great virtues are the basis of wise men ;
when he overcomes desire, he becomes holy.

마음과 행실을 바르게 닦아 수양하는 수신(修身)의 방법을 소개하였다. 큰 덕행을 행하면 현인이 되고, 삿된 생각을 버리고 선(善)에 전념하면 성인(聖人)이 된다는 뜻이다.

〈시경·소아(詩經·小雅)〉에 '높은 산을 우러러보고 마땅한 도리를 행한다.'(高山仰止 景行行止)라는 문장이 있다.

〈서경(書經)〉에 '성인도 잘못된 마음을 가지면 광인(狂人)이 되고, 광인이라도 삿된 생각을 이기면 성인이 된다.'(維聖 罔念作狂 維狂 克念作聖)라는 문장이 있다.

성경은 마음을 지키고 세상의 빛과 소금이 되라고 한다.

모든 지킬 만한 것 중에 더욱 네 마음을 지키라 생명의 근원이 이에서 남이니라.

(잠 4:23)

Above all else, guard your heart, for it is the wellspring of life. (Proverbs 4:23)

너희는 세상의 소금이니 소금이 만일 그 맛을 잃으면 무엇으로 짜게 하리요 후에는 아무 쓸 데 없어 다만 밖에 버려져 사람에게 밟힐 뿐이니라. 너희는 세상의 빛이라 산 위에 있는 동네가 숨겨지지 못할 것이요 --- 이같이 너희 빛이 사람 앞에 비치게 하여 그들로 너희 착한 행실을 보고 하늘에 계신 너희 아버지께 영광을 돌리게 하라. (마 5:13,14,16)

"You are the salt of the earth. But if the salt loses its saltiness, how can it be made salty again? It is no longer good for anything, except to be thrown out and trampled by men. "You are the light of the world. A city on a hill cannot be hidden. --- In the same way, let your light shine before men, that they may see your good deeds and praise your Father in heaven. (Matthew 5:13,14,16)

경행(景行) : 세상을 밝히는 큰 덕행. 마땅한 도리.

德	建	名	立	形	端	表	正
德	建	名	立	形	端	表	正
덕	건	명	립	형	단	표	정
virtue	build	name	stand up	form	edge	surface	right
덕 공덕	세우다	이름	서다 세우다	모양 몸	바르다 끝	겉 밝히다	바르다

덕을 세우니 이름이 세상에 알려진다. 몸이 단정하면 마음가짐도 바르게 드러난다.

When good deeds are built, it will be good fame to the world ;
upright posture are reflected on the face.

덕 있고 이름 높은 사람은 몸가짐도 바르고 옷매무새와 행동 거지도 단정하다는 뜻이다. 이는 인품과 행동이 차이가 없다는 말이다. 언행일치(言行一致)라는 말이 있다. 말과 행동이 같다는 뜻이다. 경제학에서는 명목 가치와 실질 가치가 같은 화폐를 좋은 화폐라고 한다. 사람도 이와 같아야 한다.

형단표정(形端表正) 이란 본래 몸이 단정하면 그림자도 단정하다는 뜻이나, 사람의 인격과 내면이 그의 복장과 얼굴 표정에 나타난다는 뜻이 내포되어 있다.

〈예기(禮記)의 "겉모습이 똑바르면 그림자 또한 똑바르다.(形正則 影必端)"에서 형단표정(形端表正)을 가져왔다.

성경은 바르게 사는 사람은 보상을 받으며 물이 우리 겉모습을 비추는 것처럼, 사람의 마음과 생각이 행동으로 드러난다고 한다.

무화과나무를 지키는 자는 그 과실을 먹고 자기 주인에게 시중드는 자는 영화를 얻느니라. 물에 비치면 얼굴이 서로 같은 것 같이 사람의 마음도 서로 비치느니라.

(잠 27:18-19)

He who tends a fig tree will eat its fruit, and he who looks after his master will be honored. As water reflects a face, so a man's heart reflects the man.

(Proverbs 27:18-19)

덕건(德建) : 덕이 세워진다. 세상을 밝히는 행동(큰 덕행, 경행;景行)을 한다는 뜻.

표(表) : 의복 장식 허리띠. 곧 복장을 제대로 갖춘 모습.

空	谷	傳	聲	虛	堂	習	聽
空	谷	传	声	虚	堂	习	听
공	곡	전	성	허	당	습	청
empty	valley	transmit	voice	empty	hall	practice	listen
비다 다하다	골 골짜기	전하다	소리 소리내다	비다 약하다	집 서당	익히다	듣다

빈 계곡에 소리가 전해진다. (메아리가 울린다); 빈 집에서 소리가 잘 들린다.

The echo resonates well in an empty valley ;
the sound resonates well in a empty house.

'모습이 바르면 그림자도 바르다.'(形端表正)라는 문장과 맥이 같은 글이다. 산골짜기에서 소리치면, 몸에 그림자 따라다니 듯이, 소리에 메아리가 호응하며 따라온다. 이처럼 선행을 하면 그 선행이 메아리치며 호응하듯 퍼져나가는 것을 비유한 문장이다. 〈주역·계사전(周易·繫辭傳)〉에 '말하는 것이 선하면 천리 밖에서도 호응한다.(出其言善則千里之外應之)'는 글의 의미를 담은 문장이라고 한다.

어떤 이는 빈 방이나 계곡에서 소리를 내면 그 소리가 메아리 되어 오기에 언행에 조심하라는 뜻으로 풀이한다. 또 돌아오는 말에 초점을 맞춰 해석하여 '콩 심은데 콩 나고 팥 심은 데 팥 난다.'는 속담처럼 풀이하는 사람도 있다.

성경은 말에 실수가 없으면 온전한 사람이라고 한다.

우리가 다 실수가 많으니 만일 말에 실수가 없는 자면 곧 온전한 사람이라 능히 온 몸에 굴레 씌우리라. ---혀는 능히 길들일 사람이 없나니 쉬지 아니하는 악이요 죽이는 독이 가득한 것이라. (약 3:2,8)

We all stumble in many ways. If anyone is never at fault in what he says, he is a perfect man, able to keep his whole body in check. --- but no man can tame the tongue. It is a restless evil, full of deadly poison. (James 3:2,8)

그러므로 생명을 사랑하고 좋은 날 보기를 원하는 자는 혀를 금하여 악한 말을 그치며 그 입술로 거짓을 말하지 말고. (벧전 3:10)

For, "Whoever would love life and see good days must keep his tongue from evil and his lips from deceitful speech. (1 Peter 3:10)

습(習) : 중복의 뜻

禍	因	惡	積	福	緣	善	慶
祸	因	恶	积	福	缘	善	庆
화	인	악	적	복	연	선	경
calamity	be due to	evil	pile up	blessing	relation	good	happy event
재난 근심	까닭 연유	악하다	쌓다 모으다	복 받다	인연 가장자리	착하다	경사 기쁜 일

악한 일이 쌓여 화의 원인이 된다. 착한 일이 쌓여 복이 되고 경사스런 일이 뒤따른다.

The cause of the calamity is result of the accumulation of evil deeds ;
the blessing comes after good deeds as a reward.

불가(佛家)에서는 재앙이 생긴 것은 악한 일이 쌓여 온 것으로 가르친다. 우리나라에는 콩 심은데 콩 나고, 팥 심은데 팥 난다는 속담이 있다.

〈주역·곤괘(周易·坤卦)〉에 "착한 일을 많이 한 집에는 반드시 경사가 있고, 착하지 못한 일을 많이 한 집에는 반드시 재앙이 있다(積善之家 必有餘慶 積不善之家 必有餘殃)."라는 문장이 있다. 선하고 착하게 살라고 가르치는 권선(勸善)의 글이다.

성경은 뿌린 대로 거둔다고 한다.

악인은 자기의 악에 걸리며 그 죄의 줄에 매이나니. (잠 5:22)

The evil deeds of a wicked man ensnare him; the cords of his sin hold him fast. (Proverbs 5:22)

선한 사람은 그 쌓은 선에서 선한 것을 내고 악한 사람은 그 쌓은 악에서 악한 것을 내느니라. (마 12:35)

The good man brings good things out of the good stored up in him, and the evil man brings evil things out of the evil stored up in him. (Matthew 12:35)

스스로 속이지 말라 하나님은 업신여김을 받지 아니하시나니 사람이 무엇으로 심든지 그대로 거두리라. --- 우리가 선을 행하되 낙심하지 말지니 포기하지 아니하면 때가 이르매 거두리라. (갈 6:7,9)

Do not be deceived: God cannot be mocked. A man reaps what he sows. --- Let us not become weary in doing good, for at the proper time we will reap a harvest if we do not give up. (Galatian 6:7,9)

인(因) : 직접적인 원인
연(緣) : 간접적 원인.

尺	璧	非	寶	寸	陰	是	競
尺	璧	非	宝	寸	阴	是	竞
척	벽	비	보	촌	음	시	경
ruler	jade	not	treasure	inch	shade	this	quarrel
자 길이	구슬 둥근 옥	아니다	보배 보물	마디 촌수	응달 음	이 옳다 바르다	겨루다

한 척 되는 옥구슬이 보배가 아니고 아주 짧은 시간이 다툴 만한 것이다.

A big jade is not a treasure ; an inch of time is to fight for.

시간의 귀중함을 보석과 비교하여 말하였다. 주자(朱子)는 〈권학시(勸學詩)〉에 '소년은 늙기 쉽고 학문을 이루기는 어려우니 짧은 시간이라도 가볍게 여기지 말라.' (少年而老學難成 一寸光陰不可輕) 라고 하여 시간을 중히 여길 것을 당부하였다.

서양 속담에 시간은 금이다 (Time is Gold.) 라는 말이 있다.

성경은 게으른 자에게 가난이 강도처럼 온다고 한다.

게으른 자여 네가 어느 때까지 누워 있겠느냐 네가 어느 때에 잠이 깨어 일어나겠느냐 좀 더 자자, 좀 더 졸자, 손을 모으고 좀 더 누워 있자 하면, 네 빈궁이 강도 같이 오며 네 곤핍이 군사 같이 이르리라. (잠 6:9-11)

How long will you lie there, you sluggard? When will you get up from your sleep? A little sleep, a little slumber, a little folding of the hands to rest and poverty will come on you like a bandit and scarcity like an armed man.

(Proverbs 6:9-11)

그런즉 너희가 어떻게 행할지를 자세히 주의하여 지혜 없는 자 같이 하지 말고 오직 지혜 있는 자가 같이 하여 세월을 아끼라 때가 악하니라. (엡 5:15-16)

Be very careful, then, how you live--not as unwise but as wise, making the most of every opportunity, because the days are evil. (Ephesians 5:15-16)

척벽(尺璧) : 지름이 한 자나 되는 큰 옥(玉).
광음(光陰) : 일촌광음(一寸光陰)을 줄인 말.
시(是)는 말 맺음을 짓는 조사로 강조하는 뜻으로 쓰였다.
경(競) : 다투다. 쟁(爭)의 뜻.

資	父	事	君	曰	嚴	與	敬
资	父	事	君	曰	严	与	敬
자	부	사	군	왈	엄	여	경
property	father	work	king	speak	severe	give, together	respect
재물 밑천	아비	일 섬기다	임금	말하다	엄하다	주다	공경 하다

어버이 섬기는 마음으로 군주를 섬기니, 그 마음에 엄숙함과 공경함이 있어야 한다.

Serve your country like you respect your father ;
it should be respectful and dedicated.

옛 사람들은 공경심(恭敬心)을 충(忠)과 효(孝)의 근본으로 보고, 국가에 대한 공경심을 충(忠), 부모에 대한 공경심을 효(孝)라고 하였다. 이를 '군주와 부모님과 스승은 하나다.' 라고 하여 군사부일체(君師父一體)라 한다.

〈효경(孝經)〉에 '부모 섬기는 마음으로 군주를 섬긴다.'(資於事父以事君)라는 문장이 있다. 옛날에는 군주가 곧 나라였다.

서양의 한 역사가는 이러한 동양의 고대 국가를 가산국가(家産國家)라고 하였다.

성경은 부모님 공경을 약속한 첫 계명이라고 한다.

자녀들아 주 안에서 너희 부모에게 순종하라 이것이 옳으니라. 네 아버지와 어머니를 공경하라 이것은 약속이 있는 첫 계명이니 이로써 네가 잘되고 땅에서 장수하리라. (엡 6:1-3)

Children, obey your parents in the Lord, for this is right. "Honor your father and mother"--which is the first commandment with a promise-- "that it may go well with you and that you may enjoy long life on the earth. (Ephesians 6:1-3)

각 사람은 위에 있는 권세들에게 복종하라 권세는 하나님으로부터 나지 않음이 없나니 모든 권세는 다 하나님께서 정하신 바라. (롬 13:1)

Everyone must submit himself to the governing authorities, for there is no authority except that which God has established. The authorities that exist have been established by God. (Romans 13:1)

종들아 두려워하고 떨며 성실한 마음으로 육체의 상전에게 순종하기를 그리스도께 하듯 하라. (엡 6:5)

Slaves, obey your earthly masters with respect and fear, and with sincerity of heart, just as you would obey Christ. (Ephesians 6:5)

자(資) : 빌리다. 차용(借用)의 뜻으로 부모 섬기는 마음을 빌려 군주를 섬긴다는 뜻.

孝	當	竭	力	忠	則	盡	命
孝	当	竭	力	忠	则	尽	命
효	당	갈	력(역)	충	즉(칙)	진	명
filial piety	suitable	exhaust thirsty	power	loyalty	rule	exhaust	life
효도 하다	마땅 당하다	다하다	힘쓰다	충성 섬김	곧 본받다	다하다	목숨 운명

부모님 섬김에 마땅히 힘을 다한다. 국가에 충성함에 목숨을 다 한다

Do your best when respecting your parents :
spend your life to serve your country.

앞의 문장에 이어, 충(忠)과 효(孝)를 거듭 강조하였다. 유학에서는 충과 효의 본질을 같다고 보았다. 부모님에 대한 효심이 국가에 적용되면 충성심이 되는 것이다. 이 생각은 군사부일체(君師父一體)의 근거가 된다. 〈논어·학이(論語·學而)〉에 '부모를 섬기는 데는 그 힘을 다할 것이요, 임금을 섬기는 데는 그 몸이 다하도록 해야 한다.'(子夏曰 事父母 能竭其力 事君 能其致身)라는 문장이 있다.

군대와 소방대는 목숨을 바쳐서라도 타인을 지키는 숭고한 조직이다. 그러므로 군인과 소방대원은 존중 받아야 한다. 특히 참전 용사와 은퇴한 소방관일 경우는 더욱 그러하다.

성경은 순종하고 노엽게 하지말고 상대방을 존중하라고 한다.

자녀들아 모든 일에 부모에게 순종하라 이는 주 안에서 기쁘게 하는 것이니라. (골 3:20)
Children, obey your parents in everything, for this pleases the Lord.

(Colossians 3:20)

또 아비들아 너희 자녀를 노엽게 하지 말고 오직 주의 교훈과 훈계로 양육하라 (엡 6:4)
Fathers, do not exasperate your children; instead, bring them up in the training
and instruction of the Lord. (Ephesians 6:4)

인간의 모든 제도를 주를 위하여 순종하되 혹은 위에 있는 왕이나 혹은 그가 악행하는 자
를 징벌하고 선행하는 자를 포상하기 위하여 보낸 총독에게 하라. (벧전 2:13-14)

Submit yourselves for the Lord's sake to every authority instituted among
men: whether to the king, as the supreme authority, or to governors, who are
sent by him to punish those who do wrong and to commend those who do
right. (1 Peter 2:13-14)

즉(則) : 법칙 칙(則) 측(則)으로 읽기도 한다.

臨	深	履	薄	夙	興	溫	凊
临	深	履	薄	夙	兴	温	凊
임(림)	심	리(이)	박	숙	흥	온	청
confront	deep	shoes	thin	early	flourish	warm	cool
임하다	깊다 매우	신 밟다	엷다 얕다	일찍	일어 나다	따뜻 하다	서늘 하다

깊은 못에 임하듯 얇은 얼음을 밟는 듯 하는 마음으로 ;
일찍 일어나 겨울에는 따뜻하게 여름에는 시원하게 하여야 한다.

Like facing the deep water, like treading thin ice ; wake up early and keep parents
warm during winter time and cool during summer time.

부모님 섬기는 자세는 신중하고 조심함이 있어야 한다는 뜻이다. 〈시경·소아·소민(詩經·小雅·小旻)〉에 '전전긍긍함에 깊은 못에 임하듯 얇은 얼음을 밟는 듯하다.'(戰戰兢兢 如臨深淵 如履薄氷)라는 문장이 있다.

〈예기·곡례(禮記·曲禮)〉에 '무릇 사람 된 자의 예로 겨울에는 따뜻하게, 여름에는 시원하게 하여야 한다.'(凡爲人子之禮 冬溫而夏凊)라는 문장이 있다.

성경은 의롭게 사는 것도 부모님을 기쁘게 하는 지혜라고 한다.

의인의 아비는 크게 즐거울 것이요 지혜로운 자식을 낳은 자는 그로 말미암아 즐거울 것이니라. 네 부모를 즐겁게 하며 너를 낳은 어미를 기쁘게 하라. (잠 23:24-25)

The father of a righteous man has great joy; he who has a wise son delights in him. May your father and mother be glad; may she who gave you birth rejoice! (Proverbs 23:24-25)

지혜로운 아들은 아비를 즐겁게 하여도 미련한 자는 어미를 업신여기느니라. (잠 15:20)

A wise son brings joy to his father, but a foolish man despises his mother. (Proverbs 15:20)

아비를 구박하고 어미를 쫓아내는 자는 부끄러움을 끼치며 능욕을 부르는 자식이니라. (잠 19:26)

1 He who robs his father and drives out his mother is a son who brings shame and disgrace. (Proverbs 19:20)

숙(夙) : 아침.

흥(興) : 기상하다.

청(淸) : 서늘하고 시원함.

似	蘭	斯	馨	如	松	之	盛
似	兰	斯	馨	如	松	之	盛
사	란	사	형	여	송	지	성
similar	orchid	this	fragrant	likewise	pine-tree	go, of	flourishing
같다 닮다	난초	이. 이것 지시 대명사	향기가 나다	같다	소나무	가다 -의	성하다 두텁다 채우다

군자의 인품은 난초의 청결한 향기를 닮았고,
절개는 소나무의 솔잎이 (추운 겨울에도변하지 않고) 녹색으로 무성함과 같다

A man's character should be pure like an orchid's scent : a man's integrity should be flourishing like pine-tree's green. (like evergreen trees)

군자(君子)의 인품을 난(蘭)과 소나무(松)에 비유하여 소개하였다. 옛날부터 난초는 소박한 모습과 은은하고 깊은 향기가 있어, 군자와 닮았다고 여겼다. 소나무는 겨울이 되어도 녹색 솔잎이 떨어지지 않고 홀로 무성하다. 난초의 향기와 겨울 소나무의 모습은 군자의 지조와 절개를 비유한다.

효도로서 세상에 이름이 알려지면, 소나무의 푸르름이 오래 가는 것처럼 그 이름이 길게 알려진다는 뜻으로 풀이하여, 이 문장을 효친의 자세와 덕으로 풀이하는 사람도 있다.

성경은 의인을 백합과 감람나무, 백향목으로 비유하였다.

내가 이스라엘에게 이슬과 같으리니 그가 백합화 같이 피겠고 레바논 백향목 같이 뿌리가 박힐 것이라 그의 가지는 퍼지며 그의 아름다움은 감람나무와 같고 그의 향기는 레바논 백향목 같으리니 --- 누가 지혜가 있어 이런 일을 깨달으며 누가 총명이 있어 이런 일을 알겠느냐 여호와의 도는 정직하니 의인은 그 길로 다니거니와 그러나 죄인은 그 길에 걸려 넘어지리라. (호 14:5.6,9)

I will be like the dew to Israel; he will blossom like a lily. Like a cedar of Lebanon he will send down his roots; his young shoots will grow. His splendor will be like an olive tree, his fragrance like a cedar of Lebanon. --- Who is wise? He will realize these things. Who is discerning? He will understand them. The ways of the LORD are right; the righteous walk in them, but the rebellious stumble in them. (Hosea 14:5.6,9)

사(斯) : '이것'을 뜻하는 대명사. 여기서는 지(之)의 뜻으로 쓰였다고 하는 사람도 있고 글자 수를 맞추기 위해 첨가한 글자로 특별한 의미는 없다고 하는 사람도 있다.

川	流	不	息	淵	澄	取	映
川	流	不	息	渊	澄	取	映
천	류	불	식	연	징	취	영
stream	flow	not	rest	pond	clear	take	reflect
내 개천	흐르다	아니다	숨 쉬다	못 깊다	맑다	가지다 취하다	비치다 비추다

흐르는 물은 쉬지 않는다 ; 맑은 연못에는 그림자가 비친다.

The stream of water never ends ;
the shadows are reflected on a clear pond.

　군자는 쉬지 않고 학문을 연마하며 도량을 넓히고 스스로를 키운다는 뜻이다. 쉬지 않고 흐르는 물을 노력하는 군자의 모습으로 비유하였다. 또 이처럼 쉬지 않고 노력하는 군자의 마음을 사물이 비치는 맑은 연못에 비유하였다.

　'구르는 돌은 이끼가 끼지 않는다.'는 속담과 뜻이 통한다.

　'고인 물이 썩는다.'는 속담이 있다. 현재에 안주하는 사람의 폐단을 경계하는 속담이다.

　〈논어(論語)〉에 '날로 새로워진다.(日新又日新)'는 말이 있다. 현재에 머무르지 않고 매일 새로워지는 사람이 군자(君子)이다.

성경은 부지런하여 날로 새로워지라고 가르친다.

손을 게으르게 놀리는 자는 가난하게 되고 손이 부지런한 자는 부하게 되느니라.

(잠 10:4)

Lazy hands make a man poor, but diligent hands bring wealth. (Proverbs 10:4)

그러므로 우리가 낙심하지 아니하노니 우리의 겉 사람은 낡아지나 우리의 속사람은 날로 새로워지도다. (고후 4:16)

Therefore we do not lose heart. Though outwardly we are wasting away, yet inwardly we are being renewed day by day. (2 Corinthian 4:16)

사랑에는 거짓이 없나니 악을 미워하고 선에 속하라. 형제를 사랑하여 서로 우애하고 존경하기를 서로 먼저 하며, 부지런하여 게으르지 말고 열심을 품고 주를 섬기라.

(롬 12:9-11)

Love must be sincere. Hate what is evil; cling to what is good. 12:10 Be devoted to one another in brotherly love. Honor one another above yourselves. Never be lacking in zeal, but keep your spiritual fervor, serving the Lord.

(Romans 12:9-11)

容	止	若	思	言	辭	安	定
容	止	若	思	言	辞	安	定
용	지	약	사	언	사	안	정
shape	stop	like, if	think	words say	words	peaceful	fix
얼굴 모양	그치다 멎다	같다 너 만일	생각 하다	말 언어	말 논술	편안 하다	정하다

몸가짐과 행동이 사려 깊고 말은 안정되게 한다.

Behave solemnly and thoughtfully ; speak with calmness and dignity.

 사람이 생각하는 바는 말씨와 말투 뿐 아니라, 용모와 행동으로도 나타난다. 앞에서 공부한 형단표정(形端表正)의 의미와 상통하는 바가 있다.

 〈예기·곡례(禮記·曲禮)〉에 '공경하지 않음이 없으며, 생각이 깊은 듯이 엄숙하며, 말은 안정되어야 한다.'(無不敬, 儼若思, 安定辭) 라는 글의 뜻과 서로 통한다.

성경은 마음에 담은 것을 입으로 낸다고 한다.

선한 사람은 마음에 쌓은 선에서 선을 내고 악한 자는 그 쌓은 악에서 악을 내나니 이는 마음에 가득한 것을 입으로 말함이니라. (눅 6:45)

The good man brings good things out of the good stored up in his heart, and the evil man brings evil things out of the evil stored up in his heart. For out of the overflow of his heart his mouth speaks. (Luke 6:45)

이와 같이 혀도 작은 지체로되 큰 것을 자랑하도다. 보라 얼마나 작은 불이 얼마나 많은 나무를 태우는가. 혀는 곧 불이요 불의의 세계라 혀는 우리 지체 중에서 온 몸을 더럽히고 삶의 수레바퀴를 불사르나니 그 사르는 것이 지옥 불에서 나느니라. (약 3:5-6)

Likewise the tongue is a small part of the body, but it makes great boasts. Consider what a great forest is set on fire by a small spark. 3:6 The tongue also is a fire, a world of evil among the parts of the body. It corrupts the whole person, sets the whole course of his life on fire, and is itself set on fire by hell. (James 3:5-6)

용(容) : 용모와 의표(儀表).
지(止) : 행동거지(行動擧止).

篤	初	誠	美	愼	終	宜	令
笃	初	诚	美	慎	终	宜	令
독	초	성	미	신	종	의	령
generous	beginning	sincere	beauty	be careful	end	suitable	order
도탑다	처음 시작	정성 참되다	아름 답다	삼가다	마치다 끝나다 끝내다	마땅 하다	하여금 명령

처음은 신실하여 정성스럽고 아름답게 ; 마무리 까지 질서 있고 신실하여야 한다.

The beginning of work should be done diligently and beautifully,
The end of work should be completed in a order and faithfully.

군자가 아름다운 이유를 설명하였다. 사람은 모든 일에 시작부터 마칠 때까지, 성실하고 독실하여야 하며 한결 같아야 한다. 군자의 한결 같음을 향기 은은한 난초와 늘 푸른 소나무로 비유한 앞의 문장과 맥이 통한다.

작심삼일(作心三日)이라는 말이 있다. '무엇을 하리라' 결심하고, 삼일이 지나면 그 마음이 해이해진다는 뜻이다. 용두사미(龍頭蛇尾)라는 말도 있다. 시작은 거창하게 하였는데, 마지막에 흐지부지 끝나는 것을 말한다. 군자(君子)가 아름다운 것은 처음부터 끝까지 성실함과 독실함이 변함없기 때문이다.

성경은 사람이 간절히 구하며, 청결하고 정직하면 마지막이 창대해진다고 한다.

네가 만일 하나님을 찾으며 전능하신 이에게 간구하고 또 청결하고 정직하면 반드시 너를 돌보시고 네 의로운 처소를 평안하게 하실 것이라 네 시작은 미약하였으나 네 나중은 심히 창대하리라. (욥 8:5-7)

But if you will look to God and plead with the Almighty, if you are pure and upright, even now he will rouse himself on your behalf and restore you to your rightful place. Your beginnings will seem humble, so prosperous will your future be. (Job 8:5-7)

독(篤) : 성실 순후함.
령(令) : 곱다. 착하고 아름다운 것.(善, 美)

榮	業	所	基	籍	甚	無	竟
荣	业	所	基	籍	甚	无	竟
영	업	소	기	적(자)	심	무	경
glory	profession	place	basis	list	extremely	nothing	ultimately
영화 영광	업 일	-바 장소	터 기초	서적 문서	성하다	없다	다하다

번영하는 사업은 기초가 든든하며 평판이 자자하여 끝이 없다.

A prosperous business has a solid foundation ;
it's good reputation is endless.

앞의 문장들과 연결되는 문장이다. 성실함과 돈독함의 결과를 설명하였다. 시작부터 정성을 다하고(篤初誠美), 처음 뿐 아니라 끝맺음도 좋고(愼終宜令) 흐르는 물처럼 쉬지 않으면(川流不息) 모든 사업에 큰 영광이 따르며, 그 명성과 좋은 평판은 계속 이어진다는 뜻이다.

성경에서는 이를 '마지막이 창대하다.'고 하였다.

성경은 작은 일에 충성하고, 청결하고 정직한 사람에게 많은 것을 맡긴다고 한다. 많은 것을 맡음은 창대해진 것이다.

다섯 달란트 받았던 자는 다섯 달란트를 더 가지고 와서 이르되 주인이여 내게 다섯 달란트를 주셨는데 보소서 내가 또 다섯 달란트를 남겼나이다. 그 주인이 이르되 잘하였도다. 착하고 충성된 종아 네가 적은 일에 충성하였으매 내가 많은 것을 네게 맡기리니 네 주인의 즐거움에 참여할지어다. (마 25:20-21)

The man who had received the five talents brought the other five. 'Master,' he said, 'you entrusted me with five talents. See, I have gained five more.' "His master replied, 'Well done, good and faithful servant! You have been faithful with a few things; I will put you in charge of many things. Come and share your master's happiness!' (Matthew 25:20-21)

적심(籍甚) 자심(籍甚) : 성대함. 적(籍)과 자(藉)는 통용된 다. (예) 소문이 낭자(狼藉)하다.
　자자(藉藉)하다.
문서의 뜻을 품은 단어로는 서적(書籍) 전적(典籍) 등이 있다.

學	優	登	仕	攝	職	從	政
学	优	登	仕	摄	职	从	政
학	우	등	사	섭	직	종	정
learn	superior	rise	serve	hold up	duty	obey	politics
배우다	넉넉하다	오르다	벼슬하다	잡다 당기다 가지다	벼슬 직분	좇다 따르다	정사

선비는 학문을 넉넉히 하여 관직에 오르고 직분을 맡아 국가 일에 종사한다

Gentleman studies a lot, becomes a civil servant,
takes on a job and works in the national affairs.

사(士)계층 사람들의 역할을 말하였다. 유교 문화권에서는 사람들의 직업군을 사(士)·농(農)·공(工)·상(商) 네 분야로 나누었다. 사(士)는 정치를 담당하는 계급이다. 농(農)은 농업에 종사하며, 공(工)은 물건을 만들고 상(商)은 장사하는 사람들을 말한다. 은(殷)나라가 상(商)나라이다. 상(商)이 망한 후에 은(殷)나라 사람들은 흩어져 장사를 하며 떠돌아다니며 살게 되었다. 이때부터 장사하는 사람들을 상(商)나라 사람이라는 뜻의 상인(商人)이라 부르게 되었다고 한다.

선비(士)된 사람은 학문에 정진하고, 관리가 되어 나라 일을 맡는다. 그러므로 선비는 앞에서 소개한 덕목들을 갖추고, 관직에 오르면 공명정대한 정사를 펼쳐야 한다는 것이다. 〈논어·자장〉에 '배우고 넉넉하면 벼슬에 나간다.'(學而優則仕)에서 받아왔다.

　군자(君子)와 선비(士)는 조금 차이가 있다. 군자(君子)는 학문과 덕이 높고 행실이 바르며 품위를 갖춘 사람을 말한다. 〈국어(國語)〉 라는 책에 '군자는 다스리기에 힘쓰고 소인은 노동에 힘쓴다.'라고 하였다. 그러므로 '군자'는 지배계급을 가리키고 '소인'은 육체노동에 종사하던 사람들을 가리킨다고 하겠다. 춘추시대에 군자는 높은 벼슬을 한 사람을 지칭하는 말로 쓰였다. 〈국어〉는 춘추시대 역사책 중 하나이다.

　선비(士)는 어질고 지식이 있는 사람 혹은 학식이 있으나 벼슬하지 않은 사람을 말한다. 유교적 이념과 학식, 인품을 갖춘 인물 혹은 신분 계층을 말하기도 한다.

　〈천자문〉은 사(士)계층의 자제를 군자(君子)로 키우기 위해 만든 책이다. 조선시대 양반 계층의 자제들이 글공부를 하고 과거에 급제하여 나라 일을 돌본다는 전제 아래 양반의 자제들을 교육하는 책이었다. 그러므로 옛날 천자문 공부는 정치 지도자를 양성하는 기본 과정이었다.

　군자(君子)를 영어로는 대체로 gentleman으로 번역하는데, 서구인의 입장에서 보면 천자문은 신사(紳士)를 양성하는 책이라고 하겠다.

섭(攝) : 장악하다.

存	以	甘	棠	去	而	益	詠
存	以	甘	棠	去	而	益	咏
존	이	감	당	거	이	익	영
exist	with by	sweet	wild pear tree	go	and but	increase	sing
있다	부터 까닭	달다	팥배나무 아가위	가다	말 이음 접속사	더하다	읊다

(소공이) 감당나무 아래 머무르다 ; (소공이) 떠나가고 (감당나무는 베지 않고 후에) 노래로 그의 공을 더하였다

Duke So stayed under the wild pear tree ;
when he went away, people sang a hymn.

주(周) 소공(召公)이 남쪽 지역을 순회할 때, 아가위나무 아래에서 백성들을 교화하였다. 주 소공이 정사를 처리할 때, 민폐를 끼치지 않으려고 아가위나무(감당나무) 아래에서 정사를 처리하였다고 한다. 소공이 떠나가자 백성들이 그 아가위나무를 보존하고, 소공을 칭송하며 시를 읊었다는 것이다. 〈시경·소남·감당(詩經·召南·甘棠)〉에 실린 내용을 요약하여, 주(周) 소공(召公)의 애민 정신을 칭송하는 글이다. 사(士)계층 사람들과 관리들은 소공과 같은 애민정신이 있어야한다는 뜻이 담겨 있다.

주(周) 소공(召公)은 하(夏)를 무너뜨리고 주(周)를 세우는데 공이 큰 3인 중 한 명이다. 주나라 건국 주요 인물 3인은 주공 단(旦), 여상(강태공), 소공(召公) 석(奭)을 말한다.

주공 단(旦)과 소공 석(奭)은 주 문왕(서백 창, 희창)의 아들이며 무왕의 아우들로서 형제 지간이다. 은(殷)의 주(紂)왕을 몰아낸 후 2년 만에 주 무왕(周 武王)이 죽었다. 무왕(武王)에 이어, 성왕(成王)이 어린 나이에 즉위하자 주공이 섭정하였다. 주공의 형제인 관숙선(管叔鮮)과 채숙도(蔡叔度)가 그의 섭정에 불만을 품고 무경과 결탁하여 반란을 일으켰다. 주공은 재상 강태공(姜太公)과 아우 소공(召公)에게 내정을 맡기고 몸소 토벌군을 이끌고 출전하여 3년에 걸쳐 이들의 반란을 진압하였다. 형제의 난을 평정하고 정국의 안정을 가져 왔으나 후에 소공도 주공의 섭정을 의심하여, 은퇴하고자 하였다. 이에 주공은 탕 임금과 이윤(伊尹), 무정(武丁)과 부열 등 역대 왕들을 잘 보좌해준 재상들의 예를 들면서, 조카인 성왕을 함께 보좌하며 주 왕실의 기초를 세우자고 하였다고 한다.

이 이야기는 먼 후일 조선에서 일어난 계유정난(1453)과 비교해 볼만 하다. 계유정난(癸酉靖難)은 수양대군이 황보인, 김종서 등이 모반하였다고 하여 안평대군과 함께 제거한 정치적 사건이다. 이후 수양대군은 어린 조카 단종을 억압하고 왕위를 물려받아 왕이 되었으니, 그가 세조이다. 안평대군은 수양대군의 동생이다.

영(詠)과 영(咏)은 같은 글자이다.

樂	殊	貴	賤	禮	別	尊	卑
乐	殊	贵	贱	礼	別	尊	卑
악	수	귀	천	예(례)	별	존	비
pleasure, music	special	noble	mean	etiquette	separate	noble	mean
음악	다르다	귀하다	값싸다	예도 예절	나누다	높다 지위가 높다	낮다

음악(풍류)은 귀천에 따라 다르며 예는 높고 낮음의 구별이 있다.

There is a difference between vulgar and precious music. ;
there is a distinction between high and low in etiquette.

이 세상에는 질서가 있다는 뜻을 담은 문장이다. 옛날에는 국가 질서 유지를 위하여 신분에 따른 높고 낮음을 구분하였다. 그래서 왕의 행사와 제후, 대부, 서민의 행사에는 신분에 따른 규모의 차이가 있었다. 문화에는 상류문화와 하류문화가 있다. 신분 사회에서는 귀족 문화와 서민문화로 구분할 수 있다. 음악의 경우에는 장르를 나누어 장르별 구분은 있으나, 고유성과 독자성을 인정하고 있다.

〈예기·악기(禮記·樂記)〉에 '음악(音樂)은 천지간의 조화이며 예(禮)는 천지간의 질서이다. 조화를 이루기 때문에 만물이 생겨나며 질서가 있기 때문에 만물에 구별이 있는 것이다.'(樂者 天地之和也 禮者 天地之序也 和 故百物皆化 序 故群物皆別) 라는 문장이 있다.

미국 독립선언문(1776)은 '모든 사람은 평등하게 태어났으며 창조주로부터 생명, 자유, 행복을 포함하여 타인에게 양도할 수 없는 권리를 부여받았다.'라고 하여, 천부인권설(天賦人權說)을 주장하였다. 천부인권설의 영향을 받은 오늘날에는 직업에 귀천이 없음을 인식하고 있다.

성경은 상하를 구별하지 말고 서로 사랑하라고 한다.

내 계명은 곧 내가 너희를 사랑한 것 같이 너희도 서로 사랑하라 하는 이것이니라. (요 15:12)

My command is this: Love each other as I have loved you. (John 15:12)

만일 너희가 사람을 차별하여 대하면 죄를 짓는 것이니 율법이 너희를 범법자로 정죄하리라. (약 2:9)

But if you show favoritism, you sin and are convicted by the law as lawbreakers. (James 2:9)

수(殊) : 다르다(異), 같지 않다(不同)
존(尊) : 술그릇의 뜻으로 사용할 때는 준(尊)으로 읽는다.

上	和	下	睦	夫	唱	婦	隨
上	和	下	睦	夫	唱	妇	随
상	화	하	목	부	창	부	수
up above	peaceful	under dawn	harmony	man, husband	sing	daughter in law	follow
위 하늘 임금	화하다	아래 뒤	화목 하다	남편 사나이	노래 부르다	며느리 아내	따르다

윗사람과 아래 사람이 서로 화하여 화목하다. 남자가 말하고 여자가 따른다.

The higher people and the lower people make peaceful harmony ;
a husband leads, the wife accompanies.

동양의 수직적 사고를 보여주는 문장이다. 〈주역(周易)〉에 '하늘은 높고 땅은 낮다'(天尊地卑)라 하였다. 높고(尊) 낮음(卑)은 위치의 높고 낮음이 아닌 역할의 다름이다. 하늘은 하늘의 역할이 있고, 땅은 땅의 역할이 있다. 자기 위치에서 자기 역할을 다 하는 것이 질서를 지키는 것이다. 질서를 지키면 다툴 일이 없다. 부창부수(夫唱婦隨)는 남자가 인도하고 여자가 화답하는 조화로운 부부, 곧 질서를 지키는 부부의 모습을 말한다.

〈논어·학이(論語·學而)〉에 '예의 쓰임은 화합을 중히 한다.(禮之用 和爲貴)'라 하였다. 예(禮)는 상·하를 구별하나, 그 목적은 화합에 있다.

성경은 인간관계를 수직적 질서보다는 존중과 배려를 통한 수평적 질서로 바라본다.

아내들아 남편에게 복종하라 이는 주 안에서 마땅하니라. 남편들아 아내를 사랑하며 괴롭게 하지 말라. 자녀들아 모든 일에 부모에게 순종하라 이는 주 안에서 기쁘게 하는 것이니라. 아비들아 너희 자녀를 노엽게 하지 말지니 낙심할까 함이라.

종들아 모든 일에 육신의 상전들에게 순종하되 사람을 기쁘게 하는 자와 같이 눈가림만 하지 말고 오직 주를 두려워하여 성실한 마음으로 하라. (골 3:18-22)

Wives, submit to your husbands, as is fitting in the Lord. Husbands, love your wives and do not be harsh with them. Children, obey your parents in everything, for this pleases the Lord. Fathers, do not embitter your children, or they will become discouraged. Slaves, obey your earthly masters in everything; and do it, not only when their eye is on you and to win their favor, but with sincerity of heart and reverence for the Lord. (Colossians 3:18-22)

창(唱)은 창(倡)의 뜻이다. 창(倡)은 인도하다 라는 뜻이다.

外	受	傅	訓	入	奉	母	儀
外	受	傅	训	入	奉	母	仪
외	수	부	훈	입	봉	모	의
out side	receive	master	instruct	enter	offer, serve	mother	manner
밖 바깥	받다 얻다	스승 후견인	가르 치다	들다 수입	받들다	어미	거동 예의

밖에서는 스승의 가르침을 받들고 집에 오면 어머니의 가르침을 따라야 한다.

Outside, follow your teacher's guidance ;
follow your mother's direction at home.

남녀유별(男女有別)과 부부유별(夫婦有別) 사상을 바탕으로 한 아동 교육 지침으로 옛 사람의 교육관과 가치관을 알 수 있다. 남존여비(男尊女卑)라는 말은 바깥일을 존(尊), 집안일을 비(卑)로 표현한 것이다. 이는 남자는 바깥일, 여자는 집안일, 이렇게 역할에 구분이 있음을 말한 것이다. 그러므로 남자는 밖에서 배우고 여자는 집 안에서 배운다고 하였다.

〈예기·내칙(禮記·內則)〉에 '남자는 10세가 되면 밖에서 스승에게 배우고, 여자는 10세가 되면 어머니에게 가사(家事) 교육을 받는다.'고 하는 내용을 줄여 말한 것이다.

성경은 남녀노소 모두 선한 일에 본을 보이며 바른 말을 하라고 한다.

오직 너는 바른 교훈에 합당한 것을 말하여 늙은 남자로는 절제하며 경건하며 신중하며 믿음과 사랑과 인내함에 온전하게 하고 늙은 여자로는 이와 같이 행실이 거룩하며 모함하지 말며 많은 술의 종이 되지 아니하며 선한 것을 가르치는 자들이 되고 그들로 젊은 여자들을 교훈하되 그 남편과 자녀를 사랑하며 신중하며 순전하며 집안일을 하며 선하며 자기 남편에게 복종하게 하라 이는 하나님의 말씀이 비방을 받지 않게 하려 함이라 너는 이와 같이 젊은 남자들을 신중하도록 권면하되 범사에 네 자신이 선한 일의 본을 보이며 교훈에 부패하지 아니함과 단정함과 책망할 것이 없는 바른 말을 하게 하라 이는 대적하는 자로 하여금 부끄러워 우리를 악하다 할 것이 없게 하려 함이라. (디 2:1-8)

You must teach what is in accord with sound doctrine. Teach the older men to be temperate, worthy of respect, self-controlled, and sound in faith, in love and in endurance. Likewise, teach the older women to be reverent in the way they live, not to be slanderers or addicted to much wine, but to teach what is good. Then they can train the younger women to love their husbands and children, to be self-controlled and pure, to be busy at home, to be kind, and to be subject to their husbands, so that no one will malign the word of God. Similarly, encourage the young men to be self-controlled. In everything set them an example by doing what is good. In your teaching show integrity, seriousness and soundness of speech that cannot be condemned, so that those who oppose you may be ashamed because they have nothing bad to say about us. (Titus 2:1-8)

부(傅) : 소수의 제자에게 전문적인 가르침을 주는 스승.
사(師) : 다수의 학생을 가르치는 일반적인 선생.

諸	姑	伯	叔	猶	子	比	兒
诸	姑	伯	叔	犹	子	比	儿
제	고	백	숙	유	자	비	아
all	grand mother	eldest	uncle	like	son	compare	child
여러 모두	시어미	맏	아재비	오히려	아들 자식	견주다	아이

고모 백부 숙부 등 집안의 친척 모든 어른 ; (조카들도) 내 자식과 같이 여긴다.

My aunt, uncle, and all my relatives are my family ;
my nephews are like my children.

위에 나열 된 친척들의 관계는 모두 친족 중심의 관계이다.

유가의 인(仁)은 친족 관계에서 시작한다. 친족(親族)은 부계 중심 친척 관계를 말한다. 고모(姑母)와 백부(伯父)와 숙부(叔父)는 모두 아버지의 형제자매를 칭하는 말이다. 질(姪)은 조카를 말한다. 생질(甥姪)은 누나의 아들이고 질녀(姪女)는 조카딸이다. 그러므로 형의 자식이나 동생의 자식들도 나의 자식처럼 돌보아야 한다는 것이다. 이 문장에서 옛날에는 가부장적 사회이었음을 알 수 있다.

동양이나 서양이나, 예나 지금이나 가족과 친척 관계에 있어서 화목하여야 함은 당연하다.

성경은 친척 돌보는 것을 사람으로서 지극히 당연한 일로 여긴다.

늙은이를 꾸짖지 말고 권하되 아버지에게 하듯 하며 젊은이에게는 형제에게 하듯 하고 늙은 여자에게는 어머니에게 하듯 하며 젊은 여자에게는 온전히 깨끗함으로 자매에게 하듯 하라. (딤 5:1,2)

Do not rebuke an older man harshly, but exhort him as if he were your father. Treat younger men as brothers, older women as mothers, and younger women as sisters, with absolute purity. (1 Timothy 1,2)

누구든지 자기 친족 특히 자기 가족을 돌보지 아니하면 믿음을 배반한 자요 불신자보다 더 악한 자니라, --- 만일 믿는 여자에게 과부 친척이 있거든 자기가 도와주고 교회가 짐 지지 않게 하라 이는 참 과부를 도와주게 하려 함이라. (딤전 5:8,16)

If anyone does not provide for his relatives, and especially for his immediate family, he has denied the faith and is worse than an unbeliever. --- If any woman who is a believer has widows in her family, she should help them and not let the church be burdened with them, so that the church can help those widows who are really in need. (1 Timothy 5:8,16)

유(猶) : 동(同)과 같은 의미. 유자(猶子)는 나의 자식과 같은 아이라는 의미이다.

孔	懷	兄	弟	同	氣	連	枝
孔	怀	兄	弟	同	气	莲	枝
공	회	형	제	동	기	련(연)	지
hole	cherish	elder brother	younger brother	the same	air	connect	branch
구멍 매우	품다 생각	형 맏이	아우	한가지 같다	기운 공기	잇다	가지

마음에 품고 그리워하는 형제들은 같은 기운으로 이어진 가지이다

When brothers cherish each others;
it's like connected branches in a same tree.

핏줄이 같은 형제들은 서로 사랑하여 애틋하게 여긴다는 뜻이다. 공회(孔懷)는 형제(兄弟)가 서로 사랑하여 몹시 그리워하는 것이다.

〈시경·소아·상체(詩經·小我·常棣)〉에 '죽고 장사지내는 두려움에서 형제들은 서로 심히 그리워한다.'(死喪之威 兄弟孔懷)라는 문장이 있다. 동기연지(同氣連枝)는 같은 기운으로 이어진 가지라는 말로, 핏줄을 나눈 형제라는 뜻의 비유이다. 〈주역(周易)〉에 '같은 소리가 서로 어울리고 기운이 같으면 서로 찾는다.'(同聲相應 同氣相求)라는 문장이 있다.

성경에서 형제는 사랑하는 대상 이상의 가치를 갖는다.

친구는 사랑이 끊어지지 아니하고 형제는 위급한 때를 위하여 났느니라. (잠17:17)

A friend loves at all times, and a brother is born for adversity. (Proverbs 17:17)

사랑에는 거짓이 없나니 악을 미워하고 선에 속하라. 형제를 사랑하여 서로 우애하고 존경하기를 서로 먼저 하며. (롬 12:9-10)

Love must be sincere. Hate what is evil; cling to what is good. 12:10 Be devoted to one another in brotherly love. Honor one another above yourselves. (Romans 12:9-10)

주(周)의 정치가 예(禮)에 입각한 정치라면 그리스의 정치는 평민세력이 성장하여 만든 민주정치라고 하겠다. 아테네에서는 B.C 7세기 무렵 부유한 평민들은 경제력을 바탕으로 중장보병(팔랑크스Phalanx)이 되어 군대의 주력을 이루었다. 자신의 돈으로 중무장을 하고 목숨 걸고 전쟁에 참가했던 병사들은 광장(아크로폴리스)에서, 자신들의 참정권을 요구하였다. B.C 7세기 초의 드라콘법(Dracon法)은 이를 수용한 아테네 최초의 성문법이다. 드라콘법은 그 내용이 가혹하였다고 하나, 아테네의 자유로 가는 길을 열었다고 평가한다. 이들의 참정권 요구가 고대 민주정치의 길을 제시하였기 때문이다. (부록 참조)

공(孔) : 심하다(甚), 크다(大).

交	友	投	分	切	磨	箴	規
交	友	投	分	切	磨	箴	規
교	우	투	분	절	마	잠	규
associate	friend	throw	divide	cut	rub	needle	regulation
사귀다	벗 친구	던지다	나누다	끊다 갈다	갈다	경계 바늘 꽂다	법 규정

친구의 사귐은 우정을 나누는 것이다.
갈고 다듬으며, 충고하고 경계하며 바로 잡는다.

A friendship is a sharing of an affection each other.; To cut, grind, apothegm, and regulate are virtues to train and encourage each other among friends.

친구 사이에 갖추어야 할 덕목을 나열하였다. 투분(投分)의 원래 뜻은 '나의 몫을 던지다' 이나, 대개 '정분을 나누다'는 의미로 사용한다. 여기서는 우정을 나눈다고 해석하였다.

친구 사이의 우정을 강조하는 사자성어가 여럿이 있다. 관포지교(管鮑之交)는 관중과 포숙아 사이의 이야기이다. 문경지교(刎頸之交)는 생사를 나눌 수 있는 아주 가까운 사이를 말한다. 여기에는 조(趙)나라의 재상 인상여(藺相如)와 〈천자문〉에도 나오는 조(趙)의 명장 염파(廉頗)간의 감동적인 이야기가 담겨 있다. 수어지교(水魚之交)라는 말은 물과 물고기처럼 아주 가까운 사이라는 뜻으로 〈삼국지연의(三國志演義)〉의 제갈공명과 유비 사이의 이야기에서 비롯하였다. 죽마고우(竹馬故友)는 어릴 때부터 같이 자란 친한 친구를 말한다. 금란지교(金蘭之交)는 황금처럼 단단하고 난초 향기처럼 아름다운 친구간의 교제를 말하는 사자성어이다.

성경은 충직한 친구가 친구의 얼굴을 빛나게 한다고 한다.

친구의 아픈 책망은 충직으로 말미암는 것이나 원수의 잦은 입맞춤은 거짓에서 난 것이니라. 기름과 향이 사람의 마음을 즐겁게 하나니 친구의 충성된 권고가 이와 같이 아름다우니라. 철이 철을 날카롭게 하는 것 같이 사람이 그의 친구의 얼굴을 빛나게 하느니라. (잠 27:6,9,17)

Wounds from a friend can be trusted, but an enemy multiplies kisses. Perfume and incense bring joy to the heart, and the pleasantness of one's friend springs from his earnest counsel. As iron sharpens iron, so one man sharpens another. (Proverbs 27:6,9,17)

절마(切磨)는 절차탁마(切磋琢磨)를 줄인 말이고 잠규(箴規)는 잠계규경(箴戒規警)을 줄인 말이다.
절(切) : 뼈를 가공할 때 자르는 것. 온통이라는 뜻으로 쓸 때는 체(切)로 읽는다.
차(磋) : 상아를 가공할 때 자르는 것
탁(琢) : 옥을 가공할 때 쪼는 것
마(磨) : 돌을 가공할 때 가는 것
잠(箴) : 바늘. 처음에 바늘은 대나무로 만들었다. 이를 잠(箴)이라고 한다. 이것을 쇠로 만들면서
　　침(針)이 되었다. 잠(箴)은 경계한다. 혹은 훈계하는 뜻을 담은 말이 되었다.

仁	慈	隱	惻	造	次	弗	離
仁	慈	隐	恻	造	次	弗	离
인	자	은	측	조	차	불	리
benevolent	mercy	hide	mourn	create	next	not	leave
어질다	사랑 하다	숨다	슬퍼 하다	짓다	버금 둘째	아니다	헤어 지다

어진 마음, 자비로움, 측은히 여기는 마음은 잠시라도 떠나서는 안 된다.

Kindness, mercy, sympathy ; Don't forget these even for a moment.

맹자의 가르침을 소개한 글이다. 맹자는 사람의 마음에 측은지심(惻隱之心), 수오지심(羞惡之心), 시비지심(是非之心) 사양지심(辭讓之心)이 있다 하고 이를 사단(四端)이라 하였다. 맹자는 사단(四端)중에서 측은지심(惻隱之心)을 인(仁)의 시작이라고 하였다.

측은지심(惻隱之心)은 남을 불쌍히 여기는 마음이다.

수오지심(羞惡之心)은 부끄러워하는 마음이다.

시비지심(是非之心)은 분별하는 마음이다.

사양지심(辭讓之心)은 남에게 양보하는 마음이다.

성경은 측은지심을 애통함으로, 사양지심은 온유함으로 표현하였다.

애통하는 자는 복이 있나니 그들이 위로를 받을 것임이요. 온유한 자는 복이 있나니 그들이 땅을 기업으로 받을 것임이요. (마 5:4-5)

Blessed are those who mourn, for they will be comforted. 5:5 Blessed are the meek, for they will inherit the earth. (Matthew 5:4-5)

가난한 자를 불쌍히 여기는 것은 여호와께 꾸어 드리는 것이니 그의 선행을 그에게 갚아 주시리라. (잠 19:17)

He who is kind to the poor lends to the LORD, and he will reward him for what he has done. (Proverbs 19:17)

자(慈) : 사랑.
측은(惻隱) : 동정심.
조차(造次) : 급박한 것.
불(弗) : 불(不) 즉 아니다와 같은 뜻.

節	義	廉	退	顚	沛	匪	虧
节	义	廉	退	颠	沛	匪	亏
절	의	염(렴)	퇴	전	패	비	휴
joint	righteous	integrity	retreat	decline	swamp	bandit not	wane
마디 절개	옳다	청렴 하다	물러 나다	엎드러지다 구르다	늪 자빠지다	아니다	이지러 지다 줄다

엎어지고 자빠져도 절개 의로움 청렴함 물러남은 이지러지지 않고 늘 지켜야 한다.

Fidelity, righteous, integrity, retreat ;
though you fall down, you keep these in minds with you.

어떠한 경우라도 절개, 의로움, 청렴함, 겸손함은 지켜야 한다는 뜻이다.

〈논어·이인(論語·里仁)〉에 '군자는 먹는 중에도 인(仁)을 떠나지 않고 황망한 중에도, 어려운 중에도 인(仁)을 지킨다.(君子無終食之間違仁 造次必於是 顚沛必於是)라는 문장이 있다.

성경은 의를 지키고 청결하게 사는 사람이 복 있는 사람이라고 한다.

의에 주리고 목마른 자는 복이 있나니 그들이 배부를 것임이요. 마음이 청결한 자는 복이 있나니 그들이 하나님을 볼 것임이요 화평하게 하는 자는 복이 있나니 그들이 하나님의 아들이라 일컬음을 받을 것임이요. (마 5:6-9)

Blessed are those who hunger and thirst for righteousness, for they will be filled. Blessed are the merciful, for they will be shown mercy. Blessed are the pure in heart, for they will see God. Blessed are the peacemakers, for they will be called sons of God. (Matthew 5:6-9)

시험을 참는 자는 복이 있나니 이는 시련을 견디어 낸 자가 주께서 자기를 사랑하는 자들에게 약속하신 생명의 면류관을 얻을 것이기 때문이라. (약 1:12)

Blessed is the man who perseveres under trial, because when he has stood the test, he will receive the crown of life that God has promised to those who love him. (James 1:12)

전패(顚沛) : 엎어지고 자빠진다. 삶의 어려운 상황이나 처지도 포함한다.
비(匪) : 도둑. 여기서는 부정의 뜻(非)으로 사용하였다.

性	靜	情	逸	心	動	神	疲
性	静	情	逸	心	动	神	疲
성	정	정	일	심	동	신	피
temper	quiet	feeling	comfort	mind	move	god	tired
성품 성질	고요 하다	뜻 정	편안한 달아나다	마음 심장	움직 이다	귀신 혼	지치다

본성이 고요하면 성정이 편안하다. 마음이 흔들리면 정신도 지친다.

When your personality is quiet, your mind is in comfort;
when your mind is confused, your spirit is tired.

사람 마음의 작용을 설명하는 글이다.

〈중용(中庸)〉에 '천명을 성품이라 한다.(天命謂性)'라고 하였다. 성품이란 사람마다 태어날 때, 하늘로부터 받은 마음 바탕을 말한다. 유학(儒學)은 '사람의 본래 성품은 착하다.'(性善說) 고 보고, 착한 성품을 잘 지키라고 가르친다.

정(情)은 인정, 감정을 말한다. 정(情)에는 희(喜), 노(怒), 애(愛), 구(懼), 애(哀), 오(惡), 욕(慾) 7가지가 있어 이를 7정이라 한다. 구(懼) 대신 락(樂)을 넣기도 한다.

성경은 마음이 지치면 심령이 상하게 된다고 한다.

걱정이 많으면 꿈이 생기고 말이 많으면 우매한 자의 소리가 나타나느니라. (전 5:3)

As a dream comes when there are many cares, so the speech of a fool when there are many words. (Ecclesiastes 5:3)

근심이 사람의 마음에 있으면 그것으로 번뇌하게 되나 선한 말은 그것을 즐겁게 하느니라. (잠 12:25)

An anxious heart weighs a man down, but a kind word cheers him up. (Proverbs 12:25)

마음의 즐거움은 얼굴을 빛나게 하여도 마음의 근심은 심령을 상하게 하느니라. (잠 15:13)

A happy heart makes the face cheerful, but heartache crushes the spirit. (Provers 15:13)

마음의 즐거움은 양약이라도 심령의 근심은 뼈를 마르게 하느니라. (잠 17:22)

A cheerful heart is good medicine, but a crushed spirit dries up the bones. (Proverbs 17:22)

신피(神疲) : 정신이 고단하고 피곤한 상태.

105

守	眞	志	滿	逐	物	意	移
守	真	志	满	逐	物	意	移
수	진	지	만	축	물	의	이
defend	true	intention	full	expel	matter	intention	remove
지키다	참	뜻 의향	차다 가득하다	쫓다 내몰다	물건 일	뜻 생각	옮기다

뜻이 충만하여 참된 것을 지키고, 재물을 쫓아가니 내 뜻이 (딴 데로) 옮겨 간다

Keep what is true, be full of good will. ;
when chasing other things, your mind is distracted.

마음을 굳게 지키어, 본래의 참뜻을 잃어버리지 말라는 글이다. 견물생심(見物生心)이란 말이 있다. 이는 물건을 보면 갖고 싶은 욕심이 생긴다는 뜻이다. 옛글에 '견이이망기진'(見利而忘其眞)이란 말이 있다. 이익을 알게 되니, 참 뜻을 잃는다는 말이다. '염불보다 제사 밥에 마음이 있다.'라는 속담이 있다. '중이 고기 맛을 알면 절간에 새우젓이 남아나지 않는다.'는 속담도 있다. 이 속담들은 본래의 취지를 잃어버리고 딴 곳에 마음이 가는 것을 경계하는 속담이다. 마음과 뜻을 지킨다는 것은 어려운 일이다.

성경은 시험을 참은 자가 복이 있고, 한 사람이 두 주인을 섬기지 못한다고 한다.

너희 중에 누구든지 지혜가 부족하거든 모든 사람에게 후히 주시고 꾸짖지 아니하시는 하나님께 구하라 그리하면 주시리라 오직 믿음으로 구하고 조금도 의심하지 말라 의심하는 자는 마치 바람에 밀려 요동하는 바다 물결 같으니 이런 사람은 무엇이든지 주께 얻기를 생각하지 말라 두 마음을 품어 모든 일에 정함이 없는 자로다. (약 1:5-8)

If any of you lacks wisdom, he should ask God, who gives generously to all without finding fault, and it will be given to him. But when he asks, he must believe and not doubt, because he who doubts is like a wave of the sea, blown and tossed by the wind. That man should not think he will receive anything from the Lord; he is a double-minded man, unstable in all he does. (James 1:5-8)

한 사람이 두 주인을 섬기지 못할 것이니 혹 이를 미워하고 저를 사랑하거나 혹 이를 중히 여기고 저를 경히 여김이라 너희가 하나님과 재물을 겸하여 섬기지 못하느니라.
(마 6:42)

"No one can serve two masters. Either he will hate the one and love the other, or he will be devoted to the one and despise the other. You cannot serve both God and Money. (Matthew 6:24)

진(眞) : 본원(本原), 자신(自身)이라는 뜻.

堅	持	雅	操	好	爵	自	縻
坚	持	雅	操	好	爵	自	縻
견	지	아	조	호	작	자	미
solid	hold	refined	grasp	like	degree of nobility	self	tie up
굳다	가지다	맑다	잡다 쥐다	좋다 옳다	벼슬 술잔	스스로 -부터	고삐 줄

바른 지조를 굳게 지키면 좋은 벼슬이 저절로 얽매인 듯 따라 온다.

Stand still in fine principles, good position will come on its own.

절차탁마(切磋琢磨)하며 두 마음을 품지 아니하고 노력하는 사람이 얻는 복을 말하였다. 우리 속담에는 '우물을 파도 한 우물만 파라.'라고 하였다. 포기하지 않고 노력하는 사람에게 좋은 결과가 온다는 뜻이다.

〈맹자·공손추(孟子·公孫丑)〉에 '천작(天爵)을 잘 닦으면 인작(人爵)은 저절로 얻어진다(修其天爵而人爵自至也)'라 하였다. 훌륭한 인품과 덕을 갖춘 사람은 세상에서도 출세한다는 뜻이다. '하늘은 스스로 돕는 자를 돕는다.'는 서양 격언과 뜻이 통한다.

성경은 심지 굳은 자가 평강을 누리며 부귀는 부지런한 자의 것이라고 한다.

주께서 심지가 견고한 자를 평강하고 평강하도록 지키시리니 이는 그가 주를 신뢰함이니이다. (사 26:3)

You will keep in perfect peace him whose mind is steadfast, because he trusts in you. (Isaiah 26:3)

게으른 자는 그 잡을 것도 사냥하지 아니하나니 사람의 부귀는 부지런한 것이니라.
(잠 12:27)

The lazy man does not roast his game, but the diligent man prizes his possessions. (Proverbs 12:27)

시험에 들지 않게 깨어 기도하라 마음에는 원이로되 육신이 약하도다.
(마 26:41)

"Watch and pray so that you will not fall into temptation. The spirit is willing, but the body is weak." (Matthew 26:41)

천작(天爵) : 인의예지신(仁義禮智信)과 같은 윤리적 덕목을 말한다.
인작(人爵) : 공(公)·경(卿)·대부(大夫) 같은 벼슬을 말한다.

都	邑	華	夏	東	西	二	京
都	邑	华	夏	东	西	二	京
도	읍	화	하	동	서	이	경
metropolis	town	shine	summer	east	west	two	capital
도읍	고을 식읍	꽃 빛나다	여름	동쪽	서쪽	둘	서울 크다 높다

빛나는 하 나라 도읍은 동경과 서경, 두 개이다

The gorgeous country Hwa had two capitals ;
east capital (Louyang) and west capitals (Chang'an).

이 문장에서 하(夏)는 고대 중국을 대표하는 의미로 씌었다.

서경과 동경은 고대 중국의 2대 수도(首都)이다. 주(周) 무왕때 수도를 호경(鎬京) 또는 서경(西京)이라하고, 평왕때 동경(東京)으로 천도하였다. 서경은 장안(長安)이고 동경은 낙양(洛陽)이다.

하(夏)는 우(禹)가 세운 나라이다. 우(禹)는 황하의 홍수를 다스린 공으로 순(舜)으로부터 선양 형식에 의해 왕위를 물려받았으나, 자신은 아들인 계(啓)에게 왕위를 물려주었다. 이후, 통치자의 지위가 아들에게 세습되었다.

하(夏)의 마지막 왕 걸(桀)은 폭군으로 유명하다. 걸(桀)의 곁에는 말희(妺喜)라는 여인이 있었다. 말희는 걸(桀)에게 '술로 연못을 만들고 고기로 숲을 만들어, 춤추며 놀다가 못의 술을 마시고 고기 숲에서 안주를 뜯어 먹도록 하자.'고 유혹하였다.

마침내 술이 연못을 이루고 고기 안주가 숲(酒池肉林)을 이루는 잔치가 매일 열리었다. 이윤(伊尹)이 나라를 걱정하여, 걸에게 간언을 하였으나 걸(桀)이 이윤의 간언을 내치었다.

크게 실망한 이윤은 하(夏)나라를 버리고 당시 은(殷)의 수도였던 박(亳)으로 도망쳐 탕(湯)을 섬기게 되었다. 걸(桀)의 폭정이 심해지자 탕(湯)은 백성을 폭정에서 구하고자 군사를 일으켜 걸(桀)을 몰아내고 은(殷)을 세웠다.

은(殷)(B.C. 1800~1122)은 탕(湯)왕이 세운 나라이다. 은(殷)나라를 상(商)이라 부르기도 한다. 은(殷)에 대한 기록으로는 재상 이윤(伊尹)에 대한 이야기, 탕(湯)의 손자 태갑(太甲)이 실정하여 내쫓긴 것, 무정(武丁)이 부열(傅說)을 재상으로 맞이하여 나라를 부흥시킨 이야기가 유명하다. 은(殷)의 역사는 주로 갑골문으로 전한다.

주(周)나라(B.C. 1122~770)는 무왕이 은(殷)의 마지막 왕, 주(紂)를 몰아내고 세웠다. 이때부터 강태공, 주공, 소공 등 많은 인물들과 관련하여 기록들이 전해진다.

주지육림(酒池肉林)은 극도로 방탕하고 사치한 잔치를 말한다.

背	邙	面	洛	浮	渭	據	涇
背	邙	面	洛	浮	渭	据	泾
배	망	면	락(낙)	부	위	거	경
back	name of hill	face	eavesdrop	float	name of river	depend upon	get through
등 뒤	터 산 이름	낯 얼굴	강 이름 땅 이름	뜨다 떠오르다	강 이름 위수	의거 하다	통하다

낙양은 북망산을 등지고 앞에는 낙수가 흐른다.
장안은 위수에 떠있고 경수(涇水)를 근거로 한다.

Mount Mang is north behind the Louyang, and the Lou River is in front of the Luoyang ; Chang'an is on the Wei River and is based on the Jing River.

동경(낙양(洛陽))과 서경(장안(長安))이 물가를 근거로 세워졌음을 말하는 글이다. 동서양을 불문하고, 국가의 도읍지는 거의 물가를 근거로 세워졌다. 강(江)은 도시 거주민들에게 물을 공급해주며, 전쟁 때에는 방어선 역할을 한다.

망(邙)은 망산(邙山), 낙(洛)은 낙수(洛水), 위(渭)는 위수(渭水), 경(涇)은 경수(涇水)이다.

낙양(동경)은 동주(東周)의 수도이다. 낙양 북쪽에는 망(邙)산이 있고 남쪽에는 낙수(洛水)가 흐른다. 낙수(洛水)와 위수(渭水)가 합쳐져서 황하(黃河)로 흘러 들어간다.

장안(서경)은 서주(西周)의 수도이다. 장안 서쪽에 위수(渭水)가 있고 동쪽에 경수(涇水)가 흐른다. 장안이 두 물줄기 사이에 있어, 떠있다고 표현하였다.

중국에서 수(水)는 작은 강을 말한다. 중국 북부에서는 강(江)을 하(河)라고 하며 남부에서는 강(江)이라고 한다. 황하(黃河)와 장강(長江)이 그 예이다.

유가에서는 맹자(孟子)(BC372-289)를 아성(亞聖)이라 한다. 맹자는 노(魯)나라 곡부 근방 추현 출신으로 이름은 가(軻)이다. 공자의 인(仁)을 계승하였다. 인(仁)과 예(禮)에 의한 왕도정치(王道政治)를 역설하고, 권력과 힘에 의한 패도정치(覇道政治)를 배척하였다. 왕도정치는 민의(民意)의 존중에 있으며 민의의 지지를 받지 못하는 부도덕한 군주는 추방해야 한다는 혁명론(방벌론;放伐論)을 주장하였다. 왕도정치의 전제로는 토지를 고루 분배하는 정전법(井田法)의 실시를 주장했다.

인간의 본성은 착하며(性善說) 천부적으로 측은·수오·사양·시비의 마음이 있으므로, 이 사단(四端)의 발로인 인(仁)·의(義)·예(禮)·지(智)의 실천도 본성의 배양과 확충만으로써 가능하다고 하였다. 〈천자문〉에서는 본성의 배양과 확충을 돈소(敦素)라고 표현하였다. 맹자의 사상은 〈맹자(孟子)〉 책에 전한다. (176쪽 참조)

부(浮) : 뜨다. 범(泛)과 같은 뜻이다.

宮	殿	盤	鬱	樓	觀	飛	驚
宫	殿	盘	郁	楼	观	飞	惊
궁	전	반	울	누(루)	관	비	경
palace	palace	vessel	pressed	upper	look	fly	surprise
집 담원	큰 집	소반 밑받침	빽빽 하다	다락 망루	보다	날다 뛰다	놀라다 겁내다

궁전 건물들이 나무가 울창하듯 빽빽하고
망루와 관대에 올라 바라보니 경치가 놀랍다.

The palace and buildings are infinitely numerous. It's amazing that the view from the high building.

동경(낙양(洛陽))과 서경(장안(長安)), 당시 두 도시의 웅장함을 표현하였다. 중국에서 제일 유명한 궁은 진시황이 세운 아방궁이다. 아방궁(阿房宮)은 위수(渭水) 남쪽 아방촌에 세워졌다고 하며 이를 위해 죄수 70만명이 동원되었다고 한다. 아방궁은 초패 왕 항우(項羽)가 불 태웠다고 하며 3개월 동안 탔다고 한다. 아방궁에 대한 이야기를 믿는 사람들은 그 규모와 아름다움이 중국 역대 최고이었을 것이라고 한다.

은(殷)의 멸망에도 주지육림의 이야기가 전한다. 주(紂)는 은(殷)의 마지막 왕이다. 주(紂)의 곁에는 달기(妲己)라는 여인이 있었다. 달기는 유소씨(有蘇氏)의 딸로서 일찍이 주(紂)왕이 유소씨를 토벌할 때 유소씨가 바쳤다고 한다. 이후의 이야기는 걸(桀)의 주지육림(酒池肉林) 내용과 비슷하다.

당시 주(紂)의 곁에는 왕을 보좌하는 삼공(三公)으로, 서백창(西伯昌, 희창, 주 문왕), 구후(九侯), 악후(鄂侯)가 있었다. 구후와 악후가 주(紂)의 방탕한 잔치에 간언하였다가 구후는 젓으로 담가졌고, 악후 역시 죽임을 당하여 포(脯)로 만들어졌다. 서백 창이 이 소식을 듣고 주왕의 행동에 탄식하였다. 주(紂)는 서백이 탄식했다는 소리를 듣고, 서백을 유리(羑里)의 옥에 가두어 버렸다.

서백의 가신들이 이를 듣고 뇌물을 써서, 서백을 꺼내왔다. 그래도, 서백은 주(紂)에게 또 낙서(洛西)의 땅을 바치고서야 포락의 형을 면하고, 고향으로 갈 수 있었다. (부록 참조)

고향에 돌아 온 서백 창은 그 후 위수(渭水)에서 강태공을 만나 주(周)의 기틀을 마련하였다. 서백 창의 아들 희발이 강태공의 보좌를 받아 주(紂)왕을 몰아내었다. 희발이 곧 주(周) 무왕(武王)이다. 무왕은 자기 아버지 서백 창을 왕으로 추존하였다. 서백 창이 곧 주(周) 문왕(文王)이다.

궁(宮) : 임금이 사는 집
전(殿) : 궁(宮)안에 있는 조금 작은 집
누(樓) : 계단으로 오르는 집
반울(盤鬱) : 모여 있다는 뜻.
비경(飛驚) : 아름답고 화려한 모습. 설계 건축한 형상의 생동적 표현.

圖	寫	禽	獸	畫	彩	仙	靈
图	写	禽	兽	画	彩	仙	灵
도	사	금	수	화	채	선	령
picture	copy	birds	beasts	picture	coloring	hermit fairy	sprit
그림 꾀하다	베끼다	날 짐승	짐승	그림 그리다	무늬 고운빛깔	신선	신령

(궁전 건물 안에) 동물 그림들을 베껴 그리고 신령과 신선을 색칠하여 그렸다.

Inside the palace was decorated with hermits and spirits,
and painted with birds and animals.

궁전 건물 내부 벽면에 장식으로 그려진 그림들을 설명하였다. 용, 봉황, 호랑이, 기린, 거북 등 다양한 동물 그림은 국운의 발전을 기원하는 뜻이며, 신선과 도사, 현인들을 그린 것은 무병장수를 기원하는 뜻이라고 한다. 그러므로 궁전 내부 그림들은 국가의 번영과 군주의 무병장수를 기원하는 의미이다.

〈예기·예운(禮記·禮運)〉에는 기린, 봉황, 거북, 용을 사령(四靈)이라 불렀다. 사령(四靈)에 속하는 동물들은 전설상에 내려오는 신령한 동물들이다. 일반에서는 장수를 기원하는 뜻에서 해, 산, 물, 돌, 구름, 소나무, 불로초, 거북, 학, 사슴을 많이 그렸다. 이를 십장생(十長生)이라고 한다.

　이러한 그림들은 노장사상(老莊思想)의 영향을 받은 그림들이다. 노장사상은 노자(老子)와 장자(莊子)의 가르침이 민간 신앙과 합쳐진 사상이다. 노자(老子)는 도가(道家)의 시조이다. 노자는 세상의 혼란은 인간의 지나친 지식이나 욕망 때문이라고 보고, 인위적인 질서나 제도를 배격하고 무위자연(無爲自然)으로 돌아가라고 주장하였다. 노자가 지었다고 전해지는 책으로 〈도덕경(道德經)〉이 있다.

　장자(莊子)(BC359-310?)는 노자의 사상을 계승하여 노장사상(老莊思想)으로 발전시켰다. 장자의 사상은 후에 신선사상(神仙思想)과 결부되어 도교(道敎)로 성장했고 유가(儒家)와 함께 중국 양대 사상의 하나가 되었다. 장자는 〈장자(莊子)〉라는 책을 남겼다.

　서양의 신(神)은 동양의 신(神)과 다르다. 그리스인의 종교는 원시 종교 대부분이 그렇듯 원래 자연을 숭배하는 다신교였다. 그리스의 신들은 인간과 다 똑같으나 다만 죽지 않는다. 그리스의 신들은 각자 일정한 직분과 기능을 가지고 있으며 사랑도 하고 질투도 한다. 신들의 계보가 갖추어져 올림퍼스의 12신으로 확정되는 데에는 호머의 〈일리아드〉와 〈오디세이〉, 헤시오도스의 〈신통기〉의 영향이 크다.

선령(仙靈) : 선인(仙人)과 신령(神靈)을 합한 단어.

丙	舍	傍	啓	甲	帳	對	楹
丙	舍	旁	启	甲	帐	对	楹
병	사	방	계	갑	장	대	영
south	house	side	open	armour	curtain	answer reply	pillar
남녘 셋째	집 숙소	곁 옆	열다	갑옷 첫째	휘장 군막	대하다 대답하다	굵고 둥근 기둥

신하 숙소 곁에 통로를 열어 왕의 거처와 연결하고
궁전 기둥에 아름다운 장막을 둘렀다

They opened a passageway next to Third Quarters (subjects' quarters) ;
put beautiful drapes on pillars of the palace.

십간십이지(十干十二支)를 이용해 궁전 내부 구조를 설명하였다. 십간의 순서에 따라, 갑(甲)은 왕, 을(乙)은 왕후, 병(丙)은 신하를 지칭한다. 그러므로 갑장은 첫 번째 장막으로 왕의 거처에 드리운 장막이다. 병(丙)은 10간(干)의 세 번째 이므로, 병사(丙舍)는 세 번째 건물(Third Quarters), 즉 신하들이 쓰는 건물을 뜻한다.

갑장(甲帳)과 을장(乙帳)은 한 무제가 만든 화려한 휘장으로, 갑장은 귀신 모시는 곳에 두른 것이고, 을장은 무제가 자신이 머무는 곳에 둘렀다는 이야기도 있다.

십간십이지(十干十二支)에서 십간(十干)은 날을 나타내는 단위이다. 천간(天干)이라고 부른다. 한 달은 음력으로 29.5일, 즉 30일로 보고, 열흘 단위로 끊어 초순, 중순, 하순으로 나누었다. 이 순(旬) 안에서 순서를 정해 갑(甲) 을(乙) 병(丙) 정(丁) 무(戊) 기(己) 경(庚) 신(辛) 임(壬) 계(癸)로 각각 표기했다. 이렇게 3순(旬)이면 한 달이 된다. 순(旬)은 열흘 단위 를 말한다. 이러한 표기 방식은 은(殷)나라 때부터 시작되었다고 한다.

십이지(十二支)는 지지(地支)로서 육십갑자의 아래 단위를 이루는 요소로서, 자(子·쥐)·축(丑·소)·인(寅·호랑이)·묘(卯·토끼)·진(辰·용)·사(巳·뱀)·오(午·말)·미(未·양)·신(申·원숭이)·유(酉·닭)·술(戌·개)·해(亥·돼지)이다.

천간 10자와 지지 12자를 조합하면 60간지가 되는데 이를 순서대로 나열하여, 그 차례에 따라 붙여가면서 이용했다. 결국 10간은 날짜를, 12지는 달수를 세기 위해 만들었다고 하겠다.

계(啓) : 열다(開)
영(楹) : 궁전 혹은 관청의 굵은 기둥
대영(對楹) : 마주 보는 두 기둥
방(旁) : 두루 널리 곁 옆

肆	筵	設	席	鼓	瑟	吹	笙
肆	筵	设	席	鼓	瑟	吹	笙
사	연	설	석	고	슬	취	생
hold, reckless	place	hold	seat	drum	lute	blow	flute
펴다 방자하다	대자리	베풀다	자리	북 두드리다	거문고	불다 부추기다	생황 관악기

자리를 펴서 연회를 베풀고, 북치고 거문고 타고 생황을 분다 (음악으로 흥을 돋운다)

Set up the seats to give banquets : playing drums, strings and flutes.

궁중에서 연회할 때 자리와 방석을 배치하고 음악을 연주하는 궁중연회를 표현하였다. 〈시경·대아·행위(詩經·大雅·行葦)〉에서 '사연설석(肆筵設席)' 이란 표현을 가져왔다. 〈시경·소아·녹명(詩經·小我·鹿鳴)〉의 '나에게 반가운 손님이 있어 비파를 타고 생황을 분다.'(我有嘉賓 鼓瑟吹笙)라는 구절에서 받아왔다.

앞에서 〈시경(詩經)〉은 서주 시대의 작품이라 하였다. 주(周)는 서주(西周)시대와 동주(東周)시대로 나눈다. 서주시대는 B.C. 12세기경 주의 무왕이 은(殷)을 멸하고 호경(鎬京;지금의 西安)에 도읍한 이후 도읍을 낙읍(洛邑)으로 옮길 때까지 시기를 말한다.(B.C. 1122~770) 서주시대에는 종법제(宗法制)를 바탕으로 하는 봉건제도(封建制度), 정전법

(井田法), 덕치주의 개념 등이 만들어졌다. 이와 같은 제도와 개념들이 주(周)의 정치와 사회 구조를 결정하여, 천명사상, 군권, 종족 관계와 정치 구조를 융합하는 주(周)나라 특성이 갖추어졌다.

주(周) 나라는 왕실의 내분과 서북방 유목민인 견융(犬戎;티베트 계통)의 침입으로 도읍을 낙읍(현재의 낙양)으로 옮겼다(B.C.770). 이때부터 동주(東周)라고 하는데, 이 시기는 주 왕실은 쇠퇴하며 제후국이 존왕양이(尊王攘夷)를 내세우며 국력을 키워나가던 시대였다.(BC770-403)

춘추시대(春秋時代)는 주(周)의 동천 이후 진(晋)에서 한(韓)· 조(趙)·위(魏)가 3분하고 자립하여 제후가 된 시기까지를 말한다. 이후 주 왕실이 무너지고 제후국들끼리 서로 싸우다가 진(秦)의 중국 통일(BC221)까지를 전국시대(戰國時代)라고 한다. 춘추전국 약 550년간의 혼란기를 합하여 춘추전국시대라고 한다.

사(肆) : 여기서는 진열하다.
연(筵) : 대자리로 만든 넓은 깔개. 크기가 석(席)보다 크다. 혹 VIP 자리.
석(席) : 일반적인 깔개, 보통 직물로 만들며 연(筵)보다 작다. 방석.

陞	階	納	陛	弁	轉	疑	星
升	阶	纳	陛	弁	转	疑	星
승	계	납	폐	변	전	의	성
ascend	stairs	offer	steps to the throne	crown	revolve	doubt	star
오르다	섬돌 층계	들이다 바치다	섬돌	고깔	구르다	의심 하다	별

계단에 올라 왕에게 가는데 신하들 모자 장식 구슬들이 반짝이니 별인가 의심한다.

On the stairs to Emperor ; hat's decoration sparkled as if the stars

---

왕을 중심으로 계단 아래에 시립한 고관대작들의 모습을 표현하였다. 〈시경·위풍·기오(詩經·衛風·淇奧)〉에 '고깔 모 겹친 곳이 별과 같네.'(會弁如星)에서 받아와, 고관들이 쓴 관모의 구슬 장식들이 별처럼 반짝이며 빛난다고 보았다.

서주(西周)가 쇠퇴하고 도읍을 동(東)으로 옮긴 데에는 사연이 있다. 주(周)의 12대 왕 유왕(幽王; BC781-771)이 주지육림에 빠져 정사를 멀리하자, 포향이라는 신하가 직언을 올렸다가 투옥되었다. 포향의 아들이 아버지를 구하려고 유왕에게 포사(褒姒)라는 여인을 바쳤다. 포사를 본 유왕은 포사의 미모에 마음을 뺏겼다. 유왕은 그녀를 즐겁게 해주려고 갖은 노력을 해보았지만, 그녀의 웃는 얼굴은 볼 수 없었다.

어느 날, 봉수대에 실수로 봉화가 올랐다. 제후들은 대군을 이끌고 급하게 수도 호경으로 집결하였는데, 봉화가 실수로 오른 것이라는 말에 허탈해 하며 돌아갔다. 허탈해 하는 제후들의 모습을 보고 포사가 처음으로 웃었다. 이후 유왕은 포사의 웃는 얼굴을 보려고 수시로 봉화를 올렸다. 제후들은 그때마다 수도로 달려왔으나, 매번 속아서 돌아가야 했다.

이런 일이 반복되는 가운데, 포사에 빠진 유왕이 포사를 비(妃)로 삼고, 포사의 아들 백복을 태자로 책봉하였다. 이에 원한을 품은 전 왕비 신씨 일족이 견융과 손을 잡고 반란을 일으켰다. 유왕은 기겁하고 봉화를 올렸으나, 그 동안 거짓 봉화에 속았던 제후들이 봉화를 무시하였다. 결국 유왕은 견융에게 잡혀 죽고, 서주(西周)시대는 막을 내리게 되었다. 이때 살아남은 자들이 낙읍(낙양)으로 도망하여 평왕을 세우고 주(周) 왕실을 이어갔다.

이솝 우화에 양치기 소년이라는 이야기가 있다. 양치는 소년이 거짓으로 늑대가 나타났다고 소리쳐서, 자기를 도우려고 온 마을 사람들을 속이는 재미를 즐기다가 정말 늑대가 나타났을 때 도움을 얻지 못하고 말았다는 우화가 전해진다.

양치기 소년 이야기와 거짓으로 봉화를 올리다가 정작 필요한 때 제후들의 도움을 얻지 못해 동으로 천도한 주(周)의 이야기 전개가 너무 똑같다.

거짓말이 한 개인을 무너뜨릴 뿐 만 아니라 나라도 무너뜨릴 수 있다는 것은 동양이나 서양이나 똑같다.

승(昇) : 위로 오르는 것(졷上)
납(納) : 들어가는 것(進入)
폐(陛) : 왕이 오르내리는 궁전 안의 계단.
폐하(陛下)는 왕이 선 곳 아래라는 뜻인데, 왕을 높이 부르는 말이 되었다.

右	通	廣	內	左	達	承	明
右	通	广	内	左	达	承	明
우	통	광	내	좌	달	승	명
right	through	wide	inside	left	reach to	succeed	bright
오른쪽	통하다	넓다	안 들다	왼쪽	통달 하다	잇다 계승하다	밝다 밝히다

오른쪽은 광내전으로 통하고 왼쪽은 승명려에 이른다.

There is Gwangnae (library) on the right and on the left is Seungmyeong (scholars's dormitory).

임금이 일 보는 정전(正殿)을 가운데 두고 오른쪽에 광내전(廣內殿)이, 왼쪽에 승명려(承明廬)가 있다는 뜻이다. 광내전과 승명려는 한(漢)나라 때 장안궁 안에 있는 건물 이름이라고 한다.

광내전은 한(漢)나라 때 궁정 안에 두었던 서고이다. 오늘날 국립도서관 격이다. 광내전이 황제가 있는 정전 오른편에 있었기에 오른쪽으로 광내로 통한다 한 것이다.

승명려는 각종 고전과 기록물을 학자들이 교열(校閱)하고 저술하는 곳이다. 어떤 사람은 신하들이 머물며 일하는 곳이라고 한다. 오늘날 국가기록원 격이다.

왕이 일 보는 정전(正殿)을 가운데 두고, 오른쪽에 광내전, 왼쪽에 승명려를 배치한 것은 우리나라 사찰에서 대웅전을 가운데 두고 왼편과 오른편에 건물을 배치한 구조와 같다. 이를 가람배치라고 하는데, 가람배치의 양식은 중국의 궁궐건축과 인도의 불탑(佛塔) 요소가 결합하여 우리나라에 전래된 것으로 보인다.

한 무제(武帝 재위 B.C.141~87)는 전한의 전성기를 이룬 왕으로 유학(儒學)과도 관련이 깊다. 무제는 힘에 의한 지배 외에 백성들이 마음에서 우러나와 황제에게 충성케 할 좋은 방안을 모색하였다. 이때 동중서가 유학을 소개하였다.

무제는 유학을 채택하여야 한다는 동중서(董仲舒)의 건의에 따라 수도 장안에 국립대학인 태학을 설치하고 오경박사와 박사 제자원(연구원)을 두어 유학을 연구케 하였다. 여기서 성적에 따라 중앙의 관리를 채용하게 하여 유학이 발달하는 계기를 만들었다. 이는 중국에서 유학이 정치이념이며 관학(官學)으로 채용되게 되었음을 의미한다.

이후 분서갱유(焚書坑儒)로 소실된 유가 경전을 모으고 복원하는 작업이 시작되었다. 이를 복원하는 과정에서 경전의 복원에 따른 해석을 붙이는 연구가 축적되었다. 이러한 학풍을 훈고학(訓詁學)이라고 한다. 훈고학은 대체로 당(唐)나라 때까지 계속 되었다.

既	集	墳	典	亦	聚	群	英
既	集	坟	典	亦	聚	群	英
기	집	분	전	역	취	군	영
already	gather	grave	regulation	too	gather	flock	corolla
이미 벌써	모이다 모으다	무덤 언덕	법 규정	또 또한	모이다 마을	무리 떼	꽃부리 영재

이미 3분과 5전을 모았다 (법을 갖추었다) 또한 인재들을 많이 모았다.

It was already equipped with Fen(laws) and Dien(regulations) ;
a lot of talented people were gathered too.

국가는 통치기준이 되는 법과 질서를 갖추어야하며, 국가 경영에는 능력있는 인재가 필요하다. 이를 위하여 광내전에 과거의 경험과 지혜가 담긴 문헌과 전적(분·전)들을 갖추고, 승명려에 능력 있는 인재들을 모았다는 문장이다. 진시황(秦始皇) 때 분서갱유(焚書坑儒)(BC213) 라는 사건을 겪고도 옛 전적을 모았다는 것은 대단한 일이다.

법가 사상에 충실했던 진(秦)나라는 법이 엄하였다. 진시황에게 순우월(淳于越)이라는 사람이 봉건제의 실시를 건의하였다. 재상이었던 이사(李斯:?~BC 208)는 자신이 주장하는 군현제에 반대하는 대부분의 사람들이 유가 사상가들이라는 것을 알고 이들을 제거하고자 하였다. 이사(李斯)는 국가 안정에 필요한 법질서 유지라는 명분하에 언론통제를 건의하였다. 진시황은 승상(丞相) 이사(李斯)의 건의를 받아들여 법가(法家) 이외의 언론과 사상을 금하였다. 당시 책은 종이가 아닌 죽간(竹簡)에 기록된 것으로, 이때 의·약·농·복서(卜書)를 제외한 모든 서적을 불태워 버렸다.(분서(焚書))

그후 신선술을 하는 방사(方士) 두 명이 진시황의 재물을 빼돌리다 발각되었다. 이들은 진시황을 비난하며 도망쳤다. 이 과정에서 유가학자들의 정치비판 소식이 들려오자, 진시황은 자신을 비방하는 사람들과 함께 유가(儒家)를 비롯한 사상가 460여명을 구덩이에 묻어 갱살하였다.(갱유(坑儒))

이 두 사건을 합하여 분서갱유(焚書坑儒)라고 한다.

고대 중국에서 유학자를 탄압한 사건으로 분서갱유가 있었다면 로마에서는 분서갱유 사건 보다 400여년 뒤의 일이지만 기독교 박해가 있었다. 한(漢) 무제가 유학을 정치이념으로 삼음으로서 유학이 복권되었다면 기독교는 국교로 공인되면서 복권되었다고 할 수 있다. 400년 간격을 두고 일어난 일들이지만 국가의 정치적 판단이 개입되어 일어났다는 공통점이 있다.

분(墳) : 삼황(三皇)시대의 법규. 3분(墳)이라 한다.
전(典) : 오제(五帝)시대의 법규로서 5전(典)이라 한다.
분전(墳典)은 삼분오전(三墳五典)을 말하는데 후에 옛 전적을 지칭하는 말이 되었다.

杜	稿	鍾	隸	漆	書	壁	經
杜	稿	钟	隶	漆	书	壁	经
두	고	종	예(례)	칠	서	벽	경
close	straw	bell	writing	lacquer	book	wall	classic
막다 닫다	볏짚 원고	쇠북	글씨 붙다	옷 옷나무	책 글씨쓰다	벽 울타리	날실 세로

두고의 흘림체 원고와 종요의 예서체 글씨(소예) ;
옻칠 글씨의 서경이 벽 안에 있었다.

Du's cursive script and Zhong's Exemplary font :
The Confucian scriptures of lacquer books were in the wall.

한자의 서체와 유교 경전이 전해진 경위를 요약하였다.

두고(杜稿)는 두도의 원고, 즉 두도가 쓴 초서 글씨라는 뜻이다. 두도(杜度)는 후한 때 초서(草書)에 능한 사람이다. 종예(鍾隸)는 종요(鍾繇)의 예서체 글씨라는 뜻이다. 종요(鍾繇)는 삼국시대 위(魏)나라 사람으로 〈천자문〉의 저자라고도 하며 예서(隸書)에 능했던 사람이다. 종요의 예서는 소예(小隸)라고 부르는 해서체 글씨이다.

분서갱유 당시 공자 9세손이 공자의 저술들을 벽속에 숨겨서 보호하였다고 한다. 한(漢)나라가 들어서고, 곡부에 있는 공자의 옛집을 헐었더니 벽속에서 예기(禮記) 상서(尚書) 춘추(春秋) 논어(論語) 효경(孝經) 등의 죽간(竹簡)으로 만든 책이 나왔다고 한다.

한자의 서체는 전서(傳書), 예서(隷書), 초서(草書), 해서(楷書), 행서(行書)가 있다.

전서(篆書)는 갑골문에서 발달한 서체이다. 갑골(甲骨)·금석문(金石文) 등 고체를 정비한 대전(大篆)과 진(秦) 시황제 때 대전(大篆)을 간략해 만든 소전(小篆)이 있다.

예서(隷書)는 전서를 더욱 다듬어 해서에 가까운 한자서체이다. 전국시대부터 진(秦)의 통일 시기에 걸쳐, 그때까지의 공식 서체였던 전서(篆書)의 자획을 간략화하고, 일상적으로 쓰기에 편리한 서체로 만들어졌다. 보존을 위한 기록을 만들 때, 노예들이 썼다고 해서 예서(隷書)라 한다는 말이 있다.

초서(草書)는 빠르게 흘려 쓰는 글씨이다. 일종의 필기체이다.

해서(楷書)는 글자를 반듯이 쓰는 서체이다. 진서(眞書)라고도 한다.

행서(行書)는 초서와 해서의 중간되는 반 흘림체 글씨이다.

고(稿) : 여기서는 초서(草書)라는 뜻. 우리나라 석봉 천자문은 고(稿)를 고(槀)로 표기하였다.
칠서(漆書) : 종이가 없던 때. 먹물 대신 옻의 진액으로 죽간(竹簡)에 쓴 글.

府	羅	將	相	路	俠	槐	卿
府	罗	将	相	路	侠	槐	卿
부	라	장	상	노(로)	협	괴	경
government office	net silk	general	mutual	road	chivalry	Chinese Scholar Tree	lord
마을 관청	비단 벌리다	장수 장차	서로 재상	길 과정	젊다 끼다	홰나무	벼슬 멧대추 나무

관부에는 장수와 재상들이 늘어서있고 길은 느티나무와 대추나무를 끼고 있다.

There is a line of generals and ministers at the government offices ;
here is a line of zelkova trees and jujube trees along the side of the road.

고위관직의 문무 대신들이 조정에 서 있는 모습을 가로수들이 줄지어 선 모습으로 비유하였다. 궁전 앞 큰 길가를 끼고 대신들의 집이 있다고 풀이하는 사람도 있다.

주대(周代)에는 삼공(三公)의 자리에 회나무(槐木)를 심어 자리를 표시하였다고 한다. 그래서 괴(槐)는 삼공(태사, 태부, 태보)이 앉는 표시를 비유하고, 경(卿)은 9경(九卿; 9명의 장관)이 앉는 자리를 비유하였다는 것이다

공자(孔子)가 주(周) 시대를 이상으로 보고 있다면 서양인들은 아테네의 민주정치를 이상으로 여긴다. 그러나 아테네의 민주정치가 쉽게 이루어진 것은 아니다. 아테네의 평민들이 참정권을 요구하자 재산의 정도에 따라 참정권을 차등하는 금권정치를 실시하였다.

이를 솔론의 개혁이라고 하는데 이 개혁에는 평민과 귀족 모두 불만이었다. 이후 페이시스트라토스가 민중의 지지를 기반으로 참주가 되어 참주정을 실시하였다. 오늘날 표현으로는 독재정치이었다.

　B.C 6세기 말에는 클레이스테네스가 500명의 평의회를 구성하고 도편추방제를 실시하였다. 이때가 민주정의 기반을 마련하였다고 하겠다. B.C 5세기 페리클레스 시대에는 민회의 권한이 커지고 수당제, 추첨제를 실시하여 고대 민주정치를 완성하였다. 그러나 여성, 외국인, 노예에게는 참정권이 없었다.

　페리클레스 시대에 아테네가 전성기를 이루었으나 페리클레스가 죽고, 아테네가 펠로폰네소스전쟁(BC431-404)에서 스파르타에게 패하면서 아테네의 민주정치도 타락하여 우중정치로 전락하고 말았다.

　우중(愚衆)정치는 타락한 민주정치로서, 사공이 많으면 배가 산으로 가는 정치라고 할 수 있다. 포퓰리즘(populism)이 방향을 잘못 잡으면 우중정치가 된다.

　진정한 민주주의는 다수와 소수가 서로 존중하고 배려하는 마음이 있어, 합의(合議)와 동의(同意)가 있어야 한다. 민주주의에서 다수결의 원칙이 다수결의 폭력이 되어서는 안 된다.

라(羅) : 분포하다. 배열하다는 뜻.
협(俠) : 협(夾)과 같다.

戶	封	八	縣	家	給	千	兵
户	封	八	县	家	给	千	兵
호	봉	팔	현	가	급	천	병
home	seal up	eight	district	house family	give	thousand	soldier
지게 호적상 의 집	봉하다	여덟	고을 매달다	집 건물	주다	백의 열배	군사 무기

8현의 땅과 백성들을 공신들에게 나눠주고 각 가문에 1000명의 병사를 주었다.

The king distributed eight counties to the meritorious subjects ;
each family was given 1,000 soldiers.

한 고조(漢 高祖) 유방(劉邦)을 설명하는 글이다. 진(秦) 멸망 후, 약 4년간, 귀족 출신인 항우(項羽)와 농민 출신인 유방(劉邦)이 대립하였다.(楚漢戰; BC206-BC202) 유방은 장량, 한신, 진평, 소하 등의 도움으로 항우를 물리치고 중국을 통일하고 한(漢; B.C.202 ~ A.D.8)을 건국하였다. (부록 참조)

한 고조 유방은 중국 통일 후, 공이 특별한 7명을 왕으로 봉하고, 각지에 제후 왕국들의 통치를 승인하였다.(군국제) 또 기타 공신들도 열후(列侯)로 봉하고 1개 현(縣)을 단위로 봉읍(封邑)을 지급하고 그곳에서 징수된 조세가 그들의 수입이 되도록 하였다. 〈사기·고조공신후자연표(史記·高祖功臣侯者年表)〉에 '한나라 건국 후 공신으로 책봉된 자가 백여 명이었다.'(漢興 功臣受封者 百有餘人)라고 기록하였다. (부록 참조)

아테네가 인류에게 민주정치라는 것을 알려주었다면 로마가 인류에게 남긴 최대 유산은 법(法)이다. 로마에서도 그리스처럼 다수의 부유한 평민들이 중장보병이 되어 전쟁에 참여함으로 평민들의 정치 참여와 법적 평등 요구가 나타났다.

도시국가 로마는 관습법(慣習法)을 따랐으나, 이탈리아 반도 통일 후 이탈리아 반도 전 시민에게 법률을 적용하기 위해 최초의 성문법인 시민법(市民法)을 만들었다. 이것이 유명한 12표법이다.

포에니 전쟁(BC218-202)이후 로마 영토가 확대되자, 로마인과 외국인을 불문하고 모든 민족에게 적용하고 노예제도에 대한 법적 효력을 부여하는 만민법(萬民法)을 만들었다. 로마 제정시대에는 스토아 철학의 영향으로 자연법(自然法)이 발달하였다. 로마법은 개방적이었다. 이민족이라도 시민권을 얻으면 자신의 종교를 유지할 수 있었다. 이민족들은 자신의 신을 믿으며 자연스럽게 로마인이 되었다. 로마가 이민족을 받아들여 세계 제국으로 성장 발전하는 데에는 로마의 개방성과 관용성이 작용하였다. 로마법전은 동로마 제국의 유스티니아누스 황제가 만든 로마법대전이 유명하다. **(부록 참조)**

여기서는 팔(八)과 천(千)이 '많다'라는 의미로 쓰였다.
봉(封) : 군주가 제후에게 땅을 주어 다스리게 하는 것.
봉지(封地) : 군주가 제후에게 주는 땅.

高	冠	陪	輦	驅	轂	振	纓
高	冠	陪	辇	驱	毂	振	缨
고	관	배	련	구	곡	진	영
high	crown	assist	carriage	drive	wheel	shake wield	string
높다 뽐내다	갓 벼슬	모시다	손수레	몰다	바퀴	흔들리다 떨치다	갓 끈

높은 갓을 쓴 사람들이 임금님 수레를 모시는데
말을 몰고 바퀴가 구르니 갓끈이 흔들린다.

People wearing High-hats follow king's chariot ;
the wheels are rolling, straps of the hat are shaking.

왕이 수행원을 데리고 행차하는 모습을 표현하였다. '연(輦)'은 왕이 타는 수레이므로 왕의 행차로 풀이하였다 고관(高冠)이란 단어에 초점을 맞추어 풀이하면, 고위 관리의 행차로 풀이할 수 있다.

중국인들은 아버지의 뜻을 아는 사람이 그의 아들인 것같이, 하늘의 뜻을 아는 사람이 하늘의 아들이라고 생각하였다. 그래서 왕은 천명(天命 하늘의 명령)을 안다고 하여, 왕을 천자(天子)라고 하였다.

천자가 하늘에 기대어 만든 칭호라면 황제(皇帝)는 인간 스스로가 만든 칭호이다. 진(秦)은 중국 서북쪽에 위치한 후진국이었으나, 진(秦) 효공(孝公)(BC361~338)때부터 크게 성장하였다. 진 효공은 상앙(商鞅)의 법가(法家) 사상을 채택하고 일련의 부국강병책을 폈다. 아울러 흉노(匈奴)로부터 기마전술을 익히고 위(魏)의 소금 산지를 점령하여 경제력을 강화하였다.

진(秦) 정왕(政王)(BC259-210)은 한비자, 이사 등 법가 사상가들을 등용하고, 원교근공책(遠交近攻策)을 채택하여, 동쪽의 6국을 멸하고 함양(咸陽;장안)에 도읍을 정하여 중국 최초의 통일제국을 세웠다. 그리고 스스로 시황제(始皇帝)라 칭하였다 (BC221). 진시황은 제국을 직접 통치하기 위하여 전국을 군현(郡縣)으로 나누고 신속한 군사의 파견을 위해 도로를 건설하였다. 교역을 위하여 화폐, 도량형도 통일하였다. 이때 만든 화폐인 반량전은 둥근 모양에 네모난 구멍을 뚫어 줄에 꿸 수 있게 만들어졌다. 이후 반량전 모양은 화폐의 일반적 모양이 되었다. 문자도 정비하여 지역 간의 교류도 용이하게 하였다. 이 때 정비된 문자가 오늘 날 한자(漢字)로 발전하는 역할을 하였다. 이 같은 진시황의 정책은 후대 통일국가 운영의 방향을 제시하였다. 또 이러한 정책들은 서양의 로마 제국의 제국 통치와 유사점이 보인다. 그러나 로마는 정복지에 도로를 건설하였고 중국은 장성(長城)을 쌓았다는 시각도 있다. (부록 참조)

고관(高冠) : 높은 갓을 쓴 사람.
배(陪) : 귀한 신분의 사람을 모시고 뒤따른다는 뜻.
연(輦) : 왕이 타는 수레.

世	祿	侈	富	車	駕	肥	輕
世	禄	侈	富	车	驾	肥	轻
세	록	치	부	거	가	비	경
world	salary	luxury	rich	cart	carriage	fat	light
세상 일대	급료 녹봉	사치 하다	넉넉 하다	수레 수레의 바퀴	멍에 가마타다	살찌다	가볍다 경솔하다

대대로 녹을 받아 사치하고 부유하다. 수레 끄는 말은 살찌고 수레는 가볍다.

Inheriting excessive wealth and ease ;
the cart-pulling horse is fat and the cart is light.

살진 말이 끄는 가벼운 수레를 타는 사람들은 주로 장상공경(將相公卿;당시 고위 관리들)의 자손들이었다. 이들은 조상의 봉록을 물려받으며 대를 이어 부요하게 살았다. 장상공경 대신 공경대부(公卿大夫)라는 용어를 사용하기도 한다.

수레와 전차를 타는 사람들은 귀족이었다. 그러나 시대가 변화하면서 몰락하는 귀족도 나왔다. 중국은 철기가 도입된 전국시대에 가장 큰 사회변화가 있었다.

전국시대가 되면서 봉건제가 붕괴되고, 지방 제후국들의 부국강병을 위한 중앙집권이 강화되었다. 패권을 차지하려는 제후들 간의 오랜 전쟁으로 철제무기가 등장하였다. 철제무기의 등장은 전술의 변화를 가져왔다. 시대 변화에 적응하지 못한 귀족은 몰락하였고,

136

조세도 제후국들의 수입이 되었다.

철기의 도입은 농업에서도 나타났다. 철제 농기구의 사용으로 생산력이 증가하였다. 소를 이용한 농업(우경;牛耕)도 이루어져 생산이 더욱 확대되어 자작농이 출현하였다. 농업 생산의 증가로 상공업이 자유직종이 되고, 민영화되었다. 부유한 상인이 등장하여 상인과 제후의 결탁이 일어나 군국주의를 확대하는 데 도움이 되었다.

제후국들 간의 패권 다툼으로 나라와 나라 사이의 신의가 사라지고 춘추시대의 회맹(會盟)은 구속력이 없어졌다. 각국이 부국강병을 위하여 인재 발굴에 힘쓴 결과 새로운 사상가(제자백가)들이 등장하였다. 이에 함께 교육의 보급으로 평민의 신분이 향상되었다.

세(世) : 세대를 이어 대대로 물려받는 부자상계 즉 상속.

경(輕) : 짐을 싣지 않고 사람만 태워 가볍다는 뜻. 오늘날로는 고급 승용차 격에 해당한다고 하겠다. 입은 옷이 가볍다고 풀이하는 사람도 있다. 고급 옷일수록 가볍기 때문이다.

비(肥) : 살지고 든든한 말을 의미. 말이 살진 것은 그만큼 수레가 가볍다는 뜻이기도 하고 노 동이나 전쟁에 동원되지 않았다는 뜻이기도 하다.

비경(肥輕)을 경비(輕肥)로 쓴 중국 간자 천자문도 있다.

策	功	茂	實	勒	碑	刻	銘
策	功	茂	实	勒	碑	刻	铭
책	공	무	실	늑(륵)	비	각	명
plan	merits	dense	fruit	bridle	monument	carve	engrave
꾀 계책	공로 책무	우거 지다	열매 차다	굴레 재갈	비석 네모난 돌 기둥	새기다	새기다

(공신들의) 책략과 공적의 열매가 무성하여,
비석이나 금붙이에 그 이름을 새겨 후세에 전한다.

Records of achievement makes people work hard;
their names and contributions are engraved on their stones later.

국가는 공신들의 공을 비석에 새기고, 비각을 세워 그 공을 후세에게 전하게 하였다. 국가에서 공신들을 기리는 기념물을 세워주면, 그것은 가문의 큰 영광이 되었다. 이 때문에 신하들은 국가에 충성을 다하였고, 국가는 이를 통해 신하들의 충성을 유도하였다.

〈사기·사마상여전(史記·司馬相如傳)〉에 '꽃다운 명성을 나타내고 성하고 충실한 것을 드날린다.'(蜚英聲騰茂實) 라는 문장과 〈후한서·두헌전(後漢書·竇憲傳)〉에 '늑비각명(勒碑刻銘)'의 문구가 보인다.

신하가 왕에게 충성할수록 왕의 권력은 커진다. 동양과 서양도 갈수록 왕의 권한이 커져 갔다. 진·한제국과 로마 제국의 정치 제도 변화를 살펴보면 왕의 권한이 커져가는 것을 볼 수 있다.

중국 주(周)의 예(禮)를 바탕으로 한 봉건제도는 춘추·전국시대를 통해 붕괴되었다. 중국을 통일한 진·한 제국은 군현제를 통한 중앙집권적인 통치 구조를 만들고 강력한 왕권을 행사하였다.

고대 그리스(아테네)에서는 중장 보병의 등장으로 평민권이 신장하여 고대 민주정치가 나타났다. 고대 로마에서는 부유한 평민이 중장 보병에 참여하여 로마법과 공화정의 발달이 있었다. 그러나 로마가 지중해 세계를 제패하고 제정 시대로 들어서면서 황제권이 강화되었고, 로마 제국은 속주 주민에게 자치를 허용하였지만 총독을 파견하여 속주를 감독하였다. 로마 제국이 쇠퇴하고 제국은 동·서로 갈라졌으나, 서로마 제국의 멸망(476) 후에도 동로마에서는 오리엔트의 영향을 받은 전제 군주정이 계속 되었다.

책공(策功) : 제왕이 표창한 신하의 공적을 기록한 것.
명(銘) : 공적을 찬양하거나 계몽하기 위해 쇠붙이나 돌에 새기는 것.

磻	溪	伊	尹	佐	時	阿	衡
磻	溪	伊	尹	佐	时	阿	衡
반	계	이	윤	좌	시	아	형
stone	rivulet	this	govern	help	time	hill	balance
물 이름	시내 골짜기	저 그	다스 리다	돕다	때 때를 맞추다	언덕 산비탈	저울 달다

반계(강태공)와 이윤은 나라가 어려울 때 도왔으니 아형이라 부른다.

Pan-gye and Yi Yin are called A-hyoung(Prime Minister)
as they saved their country when in needs.

역사에 유명한 재상으로 이윤과 여상을 소개하면서, 이들과 같은 인물로 성장하기 바라는 마음이 담긴 글이다. 시간적으로 보면 이윤은 은(殷), 여상은 주(周)의 인물로, 이윤이 여상보다 앞선 시대의 인물이다. 이 문장은 여상(강태공)을 먼저 소개하였다.

반계(磻溪)는 여상(강태공)이 낚시하던 곳이다. 여상(呂尙)은 반계에서 낚시하다 주(周) 문왕(文王)을 만나 주(周)의 초석을 세우는데 공이 컸다. 또 무왕(武王)이 은(殷)의 주왕(紂王)을 몰아내고 천하를 평정할 때, 목야전투에서 승리를 거두어 최고의 공신이 되었다. 후에 여상은 제(齊)나라 제후에 봉해져 제(齊)의 시조가 되었다. 주 문왕의 이름은 희창(姬昌)이다. 은(殷)에서 서백(西伯)이 되어 서백 창, 백창이라고도 한다.

이윤(伊尹)은 은(殷)의 탕(湯)왕을 도와 하(夏)의 걸(桀)을 몰아내고 백성을 구하였다. 이윤이 은(殷)에서 맡은 관직 이름이 아형(阿衡)·보형(保衡)이다. 그후 아형은 나라를 크게 도운 신하들에게 붙여주는 이름이 되었다.

강태공(姜太公) (BC1211-1072)은 여든 살이 되도록 어렵게 살았다. 그의 아내는 품팔이로 살림을 꾸려갔으나 생활고에 지친 나머지 강태공이 등용되기 전에 집을 나갔다. 혼자가 된 강태공은 위수(渭水) 강가에서 미끼도 없이 매일 낚시를 하였다. 이는 자신을 등용해 줄 임금을 기다리는 것이었다고 한다.

주 문왕과 강태공의 만남은 위수(渭水) 강가에서 이루어졌다. 곧은 낚시 바늘로 낚시하는 강태공을 본 주 문왕은 강태공과 천하의 정세에 대해 대화를 나눈 후, 자신의 수레에 태워 도성으로 돌아와 스승으로 삼았다. 이후 그를 태공망(太公望)이라 불렀다.

강태공은 목야전투(牧野戰鬪)에서 4만 5천의 군사로 72만의 은(殷)의 군사를 대파하여 하였고 주(紂)왕은 스스로 불 속에 뛰어들어 목숨을 끊었다. (BC11세기경) 강태공의 병법은 〈육도삼략〉(六韜三略)이라는 책으로 전한다.

강태공의 전 부인 마씨는 강태공이 제나라 제후가 되었을 때, 다시 돌아와서 아내로 받아주길 요청했다. 이에 강태공은 '한 번 엎질러진 물은 다시 주워 담을 수 없다.'(覆水不返盆)고 대답하고 돌려보냈다.

복수불반분(覆水不返盆)은 되돌이킬 수 없게 된 상황을 말한다. 우리 속담으로 이미 엎질러진 물이라 한다.

강태공은 후에 제나라 제후가 되었다. 강태공의 후손으로 춘추오패 중 첫 번째 패자인 제 환공·강소백이 유명하다.

반(磻)을 반(盤)으로 쓴 간자 천자문도 있다.

141

奄	宅	曲	阜	微	旦	孰	營
奄	宅	曲	阜	微	旦	孰	営
엄	택	곡	부	미	단	숙	영
suddenly	house	bend	hill	tiny	morning	who	manage
가리다 문득	집 터를잡다	굽다 휘다	언덕 대륙	작다 적다	아침 해돋을 무렵	누구 익히다	경영 하다

곡부(曲阜)에 터를 잡았는데 단(旦) 아니면 누가 (나라를) 경영 할꼬

The country was based in Qufu. ;
who would manage country if it's not Dan?

주(周) 문공(文公)의 덕을 찬양하였다.

단(旦)은 주공(周公)의 이름이고 성은 희(姬)이다. 섬서(陝西)성 기산(岐山) 사람으로, 주 문왕 희창(姬昌, 西伯昌)의 넷째 아들이며, 무왕 희발(姬發)의 동생이다.

주공 단은 주 무왕을 도와 은(殷)의 마지막 임금 주(紂)를 몰아내었고, 무왕이 죽은 뒤에는 어린 조카 성왕(희송)을 도와 주 왕조의 기틀을 확립하였다. 여상(강태공), 주 소공 석(奭)과 함께 주나라 창건에 크게 공헌한 3인 중 한 명으로 주공(周 公), 혹은 주공 단(周公旦), 주 문공(文公)으로도 부르기도 한다. 단(旦)은 성왕 즉위 초에 동쪽에서 반란이 일어나자 이를 진압하였다. 이 반란의 중심지가 엄(奄)나라의 곡부에 위치하였다. 단은 후에 산동(山東)성 곡부(曲阜)에 봉해져 제후국 노(魯)나라의 시조가 되었다.

곡부(曲阜)는 공자(孔子)의 고향으로도 유명하다.

〈주례(周禮)〉는 주(周) 왕실의 관직 제도와 전국시대(戰國時代) 각 국의 제도를 기록한 책으로, 주 문공이 지었다고 한다. 주(周) 나라의 정치, 사회 제도 및 생활의 근간은 종법제도(宗法制度)와 분봉제(分封制)이며, 이는 천명, 군권, 종족 간의 관계를 정치 구조와 결합시킨 주(周) 특유의 제도이다. (부록 참조)

주공 단은 이러한 주나라 특유의 제도를 견고히 하는데 노력하였다. 이에 주공은 〈주례(周禮)〉를 만들어 천자와 제후 간의 조빙, 회동에 필요한 예제와 아악 등 질서를 정리하였다. 이로서 천자를 중심으로 태사, 태보를 수뇌로 하는 중앙체계를 마련하였다. 예제(禮制)를 근거로 형법제도 등 사회 전반의 법령도 마련할 수 있었다.

주 문공이 〈주례〉를 지었다는 데는 의론이 분분하나, 이것이 후대 사람들의 생활 전반에 큰 영향을 끼친 것은 분명하다. 유가(儒家)에서는 주 문공을 요(堯)·순(舜)·우(禹)·탕(湯)·주 문왕(文王)·주 무왕(武王)을 잇는 성인으로 여긴다.

미(微) : 여기서는 없다는 뜻

桓	公	匡	合	濟	弱	扶	傾
桓	公	匡	合	济	弱	扶	倾
환	공	광	합	제	약	부	경
strong	public	correct	sum	cross a river	weak	seize	decline
풋말 굳세다	숨김없이 드러내다	바르다	합하다	건너다	약하다	돕다 붙들다	기울다

제 환공은 천하를 바로잡고 제후들을 규합하고,
약한 나라를 구제하고 기울어져가는 나라를 도와주었다.

Duke Huan of Qi called other feudal lords in one place ;
helped a weak and declining country.

춘추시대 역사를 담은 글이다. 제(齊) 환공(桓公)이 제후들을 아홉 번이나 불러 모아 회맹한 것과 관중이 환공을 도운 것을 요약한 것이다. 환공은 제나라의 13대 군주로서, 관중(管仲)의 도움을 받아 제나라를 강성한 제후국으로 만들어 중원을 평정하고 춘추오패 가운데 첫 패자(霸者)가 되었다. 관중(管仲)은 당시의 재상이었다. 관중(管仲)은 관포지교(管鮑之交)라는 사자성어의 주인공으로도 유명하다. (부록 참조)

춘추시대(春秋時代)는 주(周)가 낙양으로 도읍을 옮긴 이후, 진(晉)에서 한(韓),위(魏),조(趙) 3씨가 떨어져 나가 독립한 시기까지를 말한다. 이 시기에는 존왕양이(尊王攘夷)를 내세우고 제후들이 자신의 세력을 키워 나간 시대이다.(BC770 ~ BC403)

이 시기는 동주(東周)시대 전반기로, 주 왕실은 쇠퇴했지만 봉건제도는 유지되어, 제후들이 회맹(會盟)을 갖고, 여기서 선출된 강력한 제후 즉 패자(覇者)가 정치를 좌우하였다. 이 강력한 제후가 왕을 존중하고 오랑캐를 물리친다는 것이 존왕양이(尊王攘夷)이다.

순자(筍子)는 많은 제후들 가운데에서 제 환공(齊 桓公)·진 문공(晉 文公)·초 장왕(楚 莊王)·오 부차(吳 夫差)·월 구천(越 勾踐)을 춘추오패(春秋五覇)라 하였다. (부록 참조)

성경은 주권자(왕)의 허물을 재난으로 보았다.

내가 해 아래에서 한 가지 재난을 보았노니 곧 주권자에게서 나오는 허물이라.

(전 10:5)

There is an evil I have seen under the sun, the sort of error that arises from a ruler: (Ecclesiastes 10:5)

주권자의 허물과 탐욕스런 관리들부터 발생하는 피해와 고통은 모두 백성의 몫이다. 생선은 머리부터 썩는다는 속담이 있다.

존왕양이(尊王攘夷): 왕을 높이어 섬기며 오랑캐를 물리친다.

綺	回	漢	惠	說	感	武	丁
绮	回	汉	惠	说	感	武	丁
기	회	한	혜	열	감	무	정
silk	return	china	benefit	speak	feeling	military	young man
비단 광택	돌아 오다	강이름 한나라	은혜	말씀(설) 기쁘다(열)	느낌 감사하다	굳세다	성하다

기리계는 한나라 혜제를 회복시키고 부열은 (꿈에 나타나) 무정과 감응하였다.

Qi returned to help Han Hui ; Pu-youl affected Sang's Wu Ding (in dream).

기리계(綺里季)와 부열(傅說)을 아형(阿衡)의 본보기로 소개하였다.

기(綺)는 기리계를 말한다. 기리계는 상산사호라 불리는 사람 중 하나다. 상산사호(商山四皓)는 진(秦) 말기 혼란을 피하여, 섬서성 상산에 은거하던 네 현인(賢人)을 말한다. 기리계를 포함한 상산사호는 한(漢) 혜제(惠帝)가 태자에서 폐위 당할 위기에 처했을 때, 혜제를 지지하여, 혜제가 제위에 오르는데 큰 힘이 되어 주었다. 이 이야기는 〈사기·유후세가(史記·留侯世家)〉에 나온다.

열(說)은 부열이다. 원래 우 나라 사람으로, 담장 쌓는 노예였다고 한다. 무정(武丁)은 은(殷)의 22대 임금이다. 무정이 은(殷)의 발전을 위해 애쓰던 어느 날, 꿈속에서 성인(聖人)을 보았다. 무정은 꿈에 만난 성인을 그림으로 그려, 닮은 사람을 찾도록 하였고 마침내 부암(傅巖)이라는 곳에서 꿈에 본 사람을 만났다. 그가 부열이다. 무왕은 그를 재상으로 등용하였고, 부열은 무왕을 도와, 나라를 잘 다스렸다고 한다. 이 이야기는 〈사기·은본기(史記·殷本紀)〉에 나온다.

성경은 왕이 정의로워야 나라가 견고해진다고 한다.

왕은 인자와 진리로 스스로 보호하고 그의 왕위도 인자함으로 말미암아 견고하니라. (잠 20:28)

Love and faithfulness keep a king safe; through love his throne is made secure. (Proverbs 20:28)

왕은 정의로 나라를 견고하게 하나 뇌물을 억지로 내게 하는 자는 나라를 멸망시키느니라. (잠 29:4)

By justice a king gives a country stability, but one who is greedy for bribes tears it down. (Proverbs 29:4)

윗물이 맑아야 아랫물이 맑다는 우리 속담이 있다. 이는 윗사람(지도자)이 바로 서야 건강한 사회가 된다는 뜻이다. 서양에는 노블레스 오블리주(noblesse oblige)라는 말이 있다. 이는 높은 사회적 위치에 있는 사람이 투철한 도덕 의식을 갖고 도덕적 의무와 솔선수범하는 정신을 말한다.

회(回)를 회(廻)로 표기한 중국 간자 천자문도 있다.

설(說) : 말, 말하다, 이야기하다 설(說)을 세(說)로 읽는 경우도 있다.

열(說) : 기쁘다.

147

俊	乂	密	勿	多	士	寔	寧
俊	乂	密	勿	多	士	寔	宁
준	예	밀	물	다	사	식	녕(영)
eminent	talent	thick secret	do not	many	scholar	true	peaceful
준걸 크다	베다 어질다	빽빽 하다	말다 아니다	많다 넓다	선비	이 참으로	편안 하다

준걸과 어진 이들이 성실하게 힘쓰며
준걸과 선비들이 (조정에) 많으니 나라가 태평하다

The best and bright work diligently ;
country is in peace by so many fine men.

준예다사(俊乂多士)는 이윤, 부열. 여상(태공망). 주 문공. 관중 및 상산사호(기리계, 동원공, 하황공, 녹리선생)같은 사람들을 말한다. 동서고금 어느 나라든지, 나라가 융성하려면 통치자를 잘 보필하는 인재들, 즉 준예다사(俊乂多士)가 있어야 한다. 훌륭한 군주와 훌륭한 신하가 함께 있었던 때에 백성들이 평안하였음은 역사의 가르침이다.

〈천자문〉의 저자는 준예다사를 통해 제자백가를 설명하고자 한 것 같다. 제자백가(諸子百家)는 여러 학자라는 뜻이다. 백가(百家)는 수많은 학파를 가리킨다. 춘추전국시대에 각 제후국들은 경쟁적으로 국력을 키우는 부국강병책을 추진하였다. 이 과정에서 신분과 국적을 가리지 않고 제후들에게 정치적, 군사적 조언을 할 수 있는 유능한 인재들을 등용하였다. 이들을 제자백가라고 하는데, 이들은 사상분만 아니라, 지리, 농업, 문화 발전에도 기여하였다. 유가(儒家), 도가(道家), 법가(法家), 병가(兵家), 묵가(墨家), 음양가(陰陽家) 등이 유명하다.

성경은 나라 일에 준예다사의 조언과 토론으로 나라가 평안하다고 한다.

지략이 없으면 백성이 망하여도 지략이 많으면 평안을 누리느니라. (잠 11:14)

For lack of guidance a nation falls, but many advisers make victory sure.

(Proverbs 11:14)

의논이 없으면 경영이 무너지고 지략이 많으면 경영이 성립하느니라.

(잠 15:22)

Plans fail for lack of counsel, but with many advisers they succeed.

(Proverbs 15:22)

준(俊)은 1/1000명, 예(乂)는 1/100에 속하는 인재를 뜻한다.
밀물(密勿) : 근면 노력하다는 뜻.
식(寔)을 실(實)로 표기한 간자 천자문도 있다.

晉	楚	更	霸	趙	魏	困	横
晋	楚	更	霸	赵	魏	困	横
진	초	갱	패	조	위	곤	횡
nation	nation	again	chief	nation	nation	distress	width
나아 가다	가시 나무	다시(갱) 고치다(경)	으뜸	나라이름 찌르다	나라이름 높다	괴롭다	가로 동서

진나라(진 문공), 초나라(초 장왕)이 다시 패왕이 되었다.
조나라 위나라는 강대국 옆에서 곤란을 겪었다.

Jin, Chu, contended for next hegemony ;
Zhao, Wei fall into trouble under strong Chin.

이 문장은 춘추시대 진(晉) 문공(文公)과 초(楚) 장왕(莊王) 이야기와 전국시대 합종·연횡의 혼란한 역사를 담았다.

춘추시대, 제 환공이 죽은 후, 진(晉) 문공(文公)과 초(楚) 장왕(莊王)이 패자가 되었다. 전국시대 말, 진(秦)이 크게 강성해지자 조(趙), 위(魏) 등 약소국은 진에 대항하기 합종(合從)과 연횡(連橫)을 통한 외교정책으로 국가의 생존 전략을 추구했던 사람들이 등장하였다. 조위곤횡(趙魏困橫)은 이를 말한 것이다.

장의(張儀)는 연횡설(連衡說)을 주장하였다. 연횡설은 진(秦)이 여섯 나라와 횡(橫)으로 각각 동맹을 맺자는 주장으로 6국의 입장에서는 진(秦)과 외교관계를 맺어 생존을 모색하자는 것이다.

소진(蘇奏)은 합종설을 주장하였다. 합종설(合從說)은 연(燕)· 위(魏)·제(齊)·조(趙)·초(楚)·한(韓)의 관동 6국이 종으로 동맹을 맺어 진(秦)과 대항하자는 것이다. 장의의 연횡설과 소진의 합종설은 외교술의 일책이며 일종의 공수동맹으로, 학자들은 이를 제자백가의 한 일파라고 보고, 종횡가(縱橫家)라고 부른다.

갱(更) : '다시'의 뜻으로 사용할 때는 갱(更)으로 읽는다.
경(更) : '고치다'의 뜻으로 사용할 때는 경(更)으로 읽는다.
횡(橫)은 연횡설(連衡說)을 뜻한다. 연횡(連橫)은 연형(連衡)으로도 쓰며 똑같이 읽는다.

假	途	滅	虢	踐	土	會	盟
假	途	灭	號	践	土	会	盟
가	도	멸	괵	천	토	회	맹
fake, lie	road	ruin	nation	tread	soil, land	meet	swear
거짓 빌다	길 도로	멸하다	발톱자국 나라이름	밟다 걷다	흙 땅	모으다 모임	맹서하다 약속

거짓으로 길을 빌려 괵 나라를 멸하다. 진 문공이 천토에 제후를 모아 회맹하였다.

Jin told a lie to borrow the road, and wiped out the country Goek ;
gathered other lords, made an oath at the sacred land(Cheon-to).

춘추시대 진(晉) 헌공(獻公)과 진(晉) 문공(文公)의 일화를 소개하였다. 괵(虢)나라는 주
(周) 문왕(文王)의 아우인 괵중이 세운 제후국(諸侯國)이다. 괵나라와 진(晉)나라 사이에
우(虞)나라가 있었다. 진 헌공(獻公)이 괵나라를 치겠다는 핑계로 우(虞)나라 왕에게 옥과
말을 보내며 길을 빌려달라고 요청하였다. 우(虞)왕은 재상 궁지기(宮之奇)의 반대에도 불
구하고(순망치한), 뇌물에 눈이 멀어 길을 빌려 주었다. 이를 가도멸괵(假道滅虢)이라고
한다. 궁지기의 말대로, 진(晉)나라는 괵을 멸하고, 귀국하는 길에 우(虞)나라까지 멸하였
다. 선물과 뇌물은 다른 것이다. (부록 참조)

진 문공은 진 헌공의 아들이다. 진 문공은 성복(城濮)싸움 (B.C.632)에서 초(楚) 성왕을
격파하고, 천토대(踐土臺)에서 제후들과 회맹하여 제 환공에 이어 두 번째 패자가 되었다.

천토회맹은 이 사실을 요약한 것이다. (부록 참조)

천토(賤土)는 지명이며 지금의 하남성 원양현 서남에 위치한다.

성경은 뇌물이 판단력을 잃게 하며 나라를 멸망시킨다고 한다.

그대는 분노하지 않도록 조심하며 많은 뇌물이 그대를 그릇된 길로 가게 할까 조심하라. (욥 36:18)

Be careful that no one entices you by riches; do not let a large bribe turn you aside. (Job 36:18)

악인은 사람의 품에서 뇌물을 받고 재판을 굽게 하느니라. (잠 17:23)

A wicked man accepts a bribe in secret to pervert the course of justice. (Proverbs 17:23)

왕은 정의로 나라를 견고하게 하나 뇌물을 억지로 내게 하는 자는 나라를 멸망시키느니라. (잠 29:4)

By justice a king gives a country stability, but one who is greedy for bribes tears it down. (Proverbs 29:4)

회맹(會盟) : 왕이 공신들과 산 짐승을 잡아 하늘에 제사 지내고 피를 나누어 마시며
단결을 맹세하던 모임. 춘추시대 회맹을 이끈 다섯 제후를 춘추오패라고 한다.

何	遵	約	法	韓	弊	煩	刑
何	遵	约	法	韩	敝	烦	刑
하	준	약	법	한	폐	번	형
how	obey	appointment	law	nation	worn-out	troublesome	penalty
어찌 무엇	좇다 순응하다	묶다 약속하다	법 예의	나라 이름	헤지다	괴로워하다 번거롭다	형벌 형벌하다

소하는 약법 삼장을 만들어 준수케 하였다.
한비자는 번거롭고 가혹한 형벌을 재정하고 그법으로 죽었다.

Xiao made simple law to rule the country ;
Han Bija brought harm to himself with strict law enforcement.

법(法)은 단순하며 백성을 위한 법이어야 한다는 뜻을 담았다.

하(何)는 소하(蕭何)를 말한다. 소하는 한(漢) 고조 유방(劉邦)과 초(楚)의 항우(項羽)가 싸울 때, 후방에서 보급 행정을 맡아, 유방을 도운 한(漢)나라 개국공신이다. (부록 참조)

약법삼장(約法三章)은 BC 206년 한 고조 유방이 진(秦)나라 군사를 격파하고 함양(咸陽)에 입성하여, 소하의 건의를 받아들여 시행한 법이다. 약법 3장은 '1) 사람을 살해한 자는 사형. 2) 사람을 상해하거나 3) 남의 물건을 훔친 자는 죄 값을 받는다.'는 간단한 내용이다.

한(韓)은 한비자(韓非子; BC ?~233년)를 가리킨다. 한비자는 한(韓)나라 출신으로 전국 시대 말기에 활동하였다. 한비자는 순자(荀子)에게 배웠으며, 이사(李斯), 상앙(商鞅)

과 함께 법가 학파를 대표하는 인물이다. 법가 사상은 군주의 권위를 존중하고 법과 형벌에 의한 사회 질서 유지를 강조하여 엄격한 법치주의를 통하여 통일을 이룰 수 있다는 사상이다.

진(秦)나라는 한비자로 대표되는 법가 사상을 받아들여 법을 엄하게 시행하고 최초로 중국 통일을 이루었다. 그러나 진(秦)의 법이 너무 엄하여 백성들이 원성이 심하였다. 결국 진승·오광의 난 등 농민반란이 일어나 오래 가지 못하고 망하였다.(BC206).

이 문장은 진(秦)은 법이 너무 가혹하여 백성들의 호응을 얻지 못하였는데, 한(漢)은 진(秦)의 법을 폐하고, 법을 간략히 하여 백성들의 호응을 얻어 성공했다는 뜻이다.

소하가 약법3장을 시행할 당시 우리나라는 고조선이었다. 고조선에는 8조법이 있었으며 그 중 3개 조항만 전한다. 그 내용은 '1) 살인자는 사형 2) 남을 다치게 한자는 곡물로 배상 3) 물건을 훔친 자는 노비가 되거나 50만으로 배상 한다.'이며, 소하의 약법 3장의 내용과 비슷하다.

소하의 약법과 진(秦)나라의 법, 사유재산권의 철저한 보호에서 출발한 로마법, 이 세 가지 고대법을 서로 비교 해보면 법의 목적이 무엇인지 알 수 있다. 로마제국시대에 황제들은 대체로 자국민의 안전을 보장하지 못하면 통치자로서 자격 미달이라고 생각하였다고 한다. 이것은 로마인들의 법정신을 보여준다. 법의 기본적인 목적은 국가 기관으로부터 개인의 자유와 안전을 보장하는 것이다.

起	翦	頗	牧	用	軍	最	精
起	翦	颇	牧	用	军	最	精
기	전	파	목	용	군	최	정
rise	scissor	quite	pasture	use	army	most	clean
일어 나다	자르다 가위 화살	자못 조금	치다 목장	쓰다 베풀다	군사 진을치다	가장 제일	찧다 정밀하다

백기, 왕전, 염파, 이목은 군사를 쓰는데 최고로 정예하였다.

Qi, Jian, Po, and Mu were the best in use of armies.

전국시대 최고의 명장들을 소개하였다.

백기(白起)와 왕전(王翦)은 진(秦)나라 장수이다. 백기는 장평(長平)전투(BC 260)에서 조(趙)나라 군대를 격파하여 40만 명을 죽였으며, 왕전은 여섯 나라를 멸망시키어 진시황은 노장(老將)인 왕전을 스승으로 모셨다고 한다.

염파(廉頗)와 이목(李牧)은 진(秦)에 끝까지 맞섰던 조(趙)나라 장수이다. 염파는 장평전투에서 진의 군대를 잘 막아내었으며, 이목은 탁월한 전략으로 흉노족 10만 명을 죽였다고 전한다.

이들은 모두 천하의 명장들인데, 왕전을 제외한 이들의 마지막은 전쟁의 승리만큼 영광스럽지는 않았다. 이목은 진(秦)의 이간책에 빠져 죽음을 당하였으며, 백기는 그의 공적을 시기하는 내부 세력의 모함으로 죽었다. 염파는 남의 나라를 떠돌다가 죽었다. 사람의 일은 모를 일이다.

성경은 사람이 장래 일을 모른다고 말한다.

형통한 날에는 기뻐하고 곤고한 날에는 되돌아보아라. 이 두 가지를 하나님이 병행하게 하사 사람이 그의 장래 일을 능히 헤아려 알지 못하게 하셨느니라. (전7:14)

When times are good, be happy; but when times are bad, consider: God has made the one as well as the other. Therefore, a man cannot discover anything about his future. (Ecclesiastes 7:14)

분명히 사람은 자기의 시기도 알지 못하나니 물고기들이 재난의 그물에 걸리고 새들이 올무에 걸림 같이 인생들도 재앙의 날이 그들에게 홀연히 임하면 거기에 걸리느니라. (전 9:12)

Moreover, no man knows when his hour will come: As fish are caught in a cruel net, or birds are taken in a snare, so men are trapped by evil times that fall unexpectedly upon them. (Ecclesiastes 9:12)

宣	威	沙	漠	馳	譽	丹	靑
宣	威	沙	漠	馳	誉	丹	青
선	위	사	막	치	예	단	청
proclaim	dignity	sand	desert	run	praise	red	blue
베풀다 펴다	위엄 두려워 하다	모래 사막	사막 아득하다	달리다 질주하다	기리다 칭찬하다	붉다 붉게칠 하다	푸르다 푸른 빛

그 위엄을 선양함이 사막 지역까지 이르렀고
명예를 떨치니 단청을 입힌 기념각을 세워 후세에 전한다.

The dignity of the majesty spread far to deserts,
and its honor was inherited to descendants by building colored house.

앞에서 소개한 장수들의 명성은 사막 지역까지 전하여졌다. 이후에도 한(漢) 무제(武帝) 때 대외 정복 사업은 비단길을 개척하고 새로운 인물들의 이름을 떨치게 하였다.

한 무제는 대월지와 동맹을 맺어 흉노를 정벌하려는 목적으로 장건(張騫)을 서역에 파견하였다.(B.C.139) 장건은 본래의 임무를 달성하지 못하고 고국을 떠난 지 10년이 넘어서 돌아왔으나(B.C.126) 그가 지나온 과정에서 얻어온 정보들은 장안에서 로마(Roma)까지 연결되는 길, 이른바 '비단길' 개척에 매우 유용하게 사용되었다. 또 위청(衛青), 곽거병(霍去病)을 시켜 흉노를 정벌케 하여 흉노를 고비 사막 북쪽으로 몰아내었다.

〈한서〉에 한(漢)나라 선제(宣帝)는 공신 11명의 초상을 공(功)의 대소에 따라 순서대로 기린각(麒麟閣)에 그리게 하였다고 한다. 후한 명제(明帝)는 공신 32명을 남궁의 운대(雲

臺)에 그리게 하여, 그들의 업적이 단청으로 그려져 마치 말 달리는 것 같이 전파되고 후세에 전해졌다고 한다.

한 무제(漢 武帝)의 대외 진출은 우리나라 고조선에게도 큰 영향을 끼치었다. 한 무제 때, 한(漢)의 동북쪽에는 당시 위만 조선(衛滿朝鮮)이 부흥하고 있었다. 무제는 중계무역을 통하여 발전하는 위만조선이 장차 한(漢)을 위협할 것으로 생각하고 위만조선을 수·륙 양면으로 공격하였다.

고조선은 패수 싸움에서 크게 이겼으나 전쟁이 장기화 되면서 지도층의 내분으로 멸망하고 말았다. 한(漢)은 위만조선을 멸망시키고 위만 조선의 영토에 낙랑군(樂浪郡), 임둔군(臨屯郡), 진번군(進番郡), 현도군(玄菟郡)을 설치하였다.(BC 108)

그러나 고조선의 토착 세력도 격렬하게 저항하였다. 진번군과 임둔군은 설치된 지 25년 만에 소멸되었다. 현도군도 본래의 지역이 토착세력에게 점령되어 한사군(漢四郡)은 불과 30 여년 만에 낙랑군만 남게 되었다. 낙랑군은 400여 년 존속하다가 고구려 미천왕의 공격으로 멸망하였다.(313)

'한사군(漢四郡)'이라는 역사용어는 일제 강점기 총독부 소속 조선사 편수회의 역사학자들이 조선의 역사의 타율성을 강조하여 조선 식민 통치의 근거로 삼기위해 발굴한 것이다. 타율성론은 조선 역사가 우리 민족의 자율적 능력이 아닌, 외세의 간섭과 압력에 의해 타율적으로 이루어졌다는 일본의 주장이다.

九	州	禹	跡	百	郡	秦	并
九	州	禹	迹	百	郡	秦	并
구	주	우	적	백	군	진	병
nine	state	king	trace	hundred	district	nation	join together
아홉	고을 모래톱	하우씨 네발벌레	자취 좇다	일 백 모든	고을 군	나라 이름	아우 르다

9주는 우왕이 지나간 발자취이다. 진나라가 일백 군을 아울렀다.

Nine states were the traces of King Yu ;
Qin incorporated a hundred districts.

우(禹)왕이 치수 사업을 위해 돌아다닌 9주와 진(秦)의 군현제를 설명하였다. 우적(禹跡)은 우(禹)가 치수 사업을 위해 다녀간 지역들을 말한다. 이는 당시 중국 전역이다. 요(堯)의 치세에 대홍수가 발생하여 섭정인 순(舜)이 우에게 치수(治水)를 명하였다. 우가 물길을 잡고 홍수를 다스렸다. 순은 우에게 나라를 물려주었다. 우는 자신이 지나간 지역을 9주로 나누고 공부(貢賦)를 정하였으며 나라이름을 하(夏)로 고쳤다.

9주는 기주(冀州), 연주(兗州), 청주(靑州), 서주(徐州), 양주(揚州), 형주(荊州), 예주(豫州), 양주(梁州), 옹주(雍州)이다. 9주는 당시 전(全) 중국이라고 본다.

100군(郡)을 아울렀다는 말은 진나라가 중국을 통일하였다는 뜻이다. 진(秦)은 춘추전국시대를 통일하고 중국 최초의 통일 국가가 되었다. 진은 주(周)의 봉건제도를 폐지하고, 지방 통치를 위해 군현제(郡縣制)를 실시하였다. 이로써 중국의 중앙 집권제가 시작된 것이다. (부록 참조)

우(禹, BC 2070년경)는 하(夏)나라의 시조이다. 우(禹)의 아버지는 곤(鯀)이며 곤의 아버지는 오제(五帝)중 하나인 전욱(顓頊)이다. 치수 사업은 원래 곤이 먼저 맡았으나 곤은 치수에 성공하지 못하였다. 곤은 둑을 쌓는 방식으로 물을 막으려 하였으나 실패한 것으로 추정된다. 우(禹)는 순(舜)의 천거로 아버지 곤의 뒤를 이어 황하의 치수를 맡았다. 우(禹)는 물길을 터주는 방식으로 홍수를 다스렸다.

사마천은 〈사기〉에서 '육로는 수레를 타고 다녔고 수로는 배를 타고 다녔으며 수렁길은 썰매를 타고 다녔고 산은 쇠 박은 신발을 신고 넘었다. 왼손에는 수준기와 먹줄, 오른손에는 그림쇠와 곱자를 들고 구주(九州)를 개척하고, 아홉 개의 수로를 열고 아홉 개의 못(澤)을 파고, 아홉 개의 산에 길을 내었다.'라고 하며 우(禹)의 치수 노력을 표현하였다.

순(舜)은 우(禹)의 치적을 높이 평가하여 왕의 자리를 선양하였다. 우(禹)의 치수 사업은 금(禁)하는 것보다 통(通)하게 하는 것이 더 중요하다는 것을 가르친다.

嶽	宗	恒	岱	禪	主	云	亭
岳	宗	恒	垈	禅	主	云	亭
악	종	항	대	선	주	운	정
mountain	ancestral	always	site	Zen	host	tell	arbour
산마루 큰 산	마루 일의 근본	항상 늘	산 이름	사양 하다	주인 임금	이르다 어조사	정자 역참

오악(五嶽) 중 으뜸은 항산과 대산이다.
운운산과 정정산에서 봉선(封禪)하고 제사(祭祀)한다.

Mt.Tai and Mt.Hang are the most worshiped ;
perform a service to heaven on Mt.Yun and Mt.Ting.

중국의 왕이 하늘에 제사 지내는 풍습을 설명하였다.

중국에는 사람들이 신령스럽게 여기는 산이 5개 있다. 이를 오악(五嶽)이라고 한다. 오악(五嶽)은 동악 태산(泰山), 서악 화산(華山), 남악 형산(衡山), 북악 항산(恒山), 중악(中嶽) 숭산(崇山)을 말한다. 대산(岱山)은 태산(泰山)의 다른 이름이다.

옛날 중국은 왕이 천하를 통일하면, 태산에 속한 운운산과 정정산에서 봉선대제를 지냈다. 이 문장은 오악 중에서 항산과 태산을 중히 여겼다는 뜻이다.

선(禪)은 봉선대제(封禪大祭)를 줄여 말한 것이다. 봉(封)은 천자가 태산에 올라 하늘에 제사 지내는 것이고, 선(禪)은 천자가 태산에서 내려와 땅에 제사를 지내는 것이라고 한다. 그러므로 봉선대제는 옛날 중국에서, 천자(天子)가 흙을 쌓아 단(壇)을 만들어 하늘에 제사 지내고 땅을 깨끗이 하고 산천에 드리는 제사를 말한다.

　오늘날 베이징에는 천단(天壇)공원이 있다. 천단(天壇)은 베이징(北京) 외성 남쪽 끝에 있는 중국의 천자가 하늘에 제사(봉선대제)를 지냈던 곳이다.

　우리나라에도 원구단(圜丘壇)이라는 하늘에 제사를 지내는 제단이 있었다. 하늘에 대한 제사는 황제 만이 할 수 있다. 이는 황제가 다스리는 독립국가라는 뜻이다. 원구단은 고종 황제가 대한제국의 자주성을 대내외에 알리기 위하여 건립하였다.(1897)

　그러나 일제가 대한제국을 강제 병합하고 우리나라의 독립성을 부정하기 위하여 원구단을 철거하였다.(1914) 현재 원구단 자리에는 조선호텔이 있다. 덕수궁 건너 편 조선호텔 건물 옆에, 화강암 기단 위에 3층 팔각정 건물로 지어진 황궁우(皇穹宇)가 원구단의 유적으로 남아있다. 황궁우는 신들의 위패를 모신 건물이다.

운정(云亭) : 운운산과 정정산을 줄여 말한 것으로 태산에 딸린 부속산이다.
항대(恒垈)를 태대(泰垈)로 표기한 중국 간자 천자문도 있다.

鴈	門	紫	塞	鷄	田	赤	城
雁	门	紫	塞	鸡	田	赤	城
안	문	자	새(색)	계	전	적	성
wild goose	door	purple	fortress	rooster	dry field	red	castle
기러기 거위	문 집안	자주 빛	변방 성채	닭 가금	밭	붉다 벌거숭이	성 도읍

안문과 자새, 계전과 적성이 있다.

There are Goose Gate, Purple Great Wall ; Jitan station, and Red castle.

중국 변방 경계와 국방에 중요한 관문과 성을 소개하였다. 아마도, 천자문을 지을 당시, 이곳은 중국에서 가장 변경 지역이었던 것으로 생각된다.

안문(雁門)은 산서성에 있는 관문이다. 봄에 기러기가 북으로 날아 갈 때, 이곳을 넘어 날아간다고 해서 붙은 이름이다. 이곳은 조나라 장수 이목(李牧)이 지켰다는 곳이며 한나라 때 위청과 곽거병도 흉노 정벌을 위해 이 관문을 지났다.

자새(紫塞)는 북쪽 변방의 요새로, 서의 임조에서 동의 요동까지 이르는 대성벽이다. 진(秦)이 장성(長城)을 쌓을 때 흙 빛깔이 모두 자줏빛이어서 자새라고 부르게 되었다고 한다.

계전(雞田)은 지금의 영하회족 자치구(寧夏回族 自治區)의 오충시(吳忠市) 부근에 있었던 유명한 역참이다.

적성(赤城)은 하북 선화(宣化)에 있다. 남북조시대 위(魏)나라가 적성부터 오원까지 2천 여 리 성을 쌓았다고 하며, 동이족의 시조 치우천왕의 고향이라는 설도 있다. 적성(赤城) 은 성벽이 온통 붉다고 해서 지어진 이름으로 멀리서 보면 장관을 이루었다고 한다.

장평대전(長平大戰)은 진(秦)나라와 조(趙)나라 사이의 대규모 전쟁으로 전국시대의 판 도를 바꾼 전쟁이다.(BC262-260) 이 싸움에서 진(秦)나라가 승리하여 천하 통일의 기반 을 마련하였다. 장평전투에는 염파(廉頗), 백기(白起)가 등장한다. 조나라의 염파는 진의 공격을 잘 막아 내었는데, 조의 효성왕이 전쟁을 빨리 끝낼 욕심으로 염파를 조괄(趙括) 로 교체하였다. 진의 장군 백기는 실전경험이 부족한 조괄의 군대를 괴멸시키고 어린 병 사 260명을 제외하고 40만 병사를 생매장시켰다. 이 싸움의 승리로 진(秦)나라는 나머지 6국에게 두려움의 대상이 되었다.

장평 싸움 후, 백기는 그의 공을 시기한 세력의 모함으로 자살하였다. 염파는 조나라를 공격하는 연나라와 위나라를 물리쳤으나, 새로운 왕이 즉위하면서 새 왕에게 미움을 받아 떠돌다가 병사하였다. 이후 조나라는 이목(李牧)을 등용하여 나라를 지켰으나 진(秦)의 이 간책으로 이목이 죽음 당하고, 마침내 진(秦)의 왕전(王翦)에게 멸망 당하였다.(BC228)

염파, 백기, 왕전, 이목은 156쪽 문장에 실린 인물들이다.

색(塞) : 막다, (예) 발본색원(拔本塞源) 뿌리를 뽑고 근원을 막음.
계(雞) : 계(鷄)의 본 글자.

昆	池	碣	石	鉅	野	洞	庭
昆	池	碣	石	鉅	野	洞	庭
곤	지	갈	석	거	야	동	정
elder brother	pond	purplestone tablet	stone	great	field	village	yard
형 맏	못 해자	비 돌을 세우다	돌	크다 강하다	들 들판	골짜기 동굴	뜰 조정

곤지와 갈석, 거야와 동정호가 있다.

There are Gonming Pond, Tablet Stone ; Juye Swamp, and Lake Dongting.

중국의 유명한 연못, 산, 들판(습지), 호수를 열거하였다.

곤지(崑池)는 운남성 곤명현에 있다. 한 무제가 수군(水軍)을 훈련시킬 목적으로 판 연못으로 곤명지라고도 한다.

갈석(碣石)은 갈석산(碣石山)으로 하북성 창여현에 있다. 갈석(碣石)을 갈산(碣山)으로 표기한 간자 천자문도 있다.

거야(巨野)는 산동성 거야현 태산 동편의 넓은 습지였는데, 물이 말라 평야가 되었다고 한다.

동정(洞庭)은 양자강 남쪽 호남성에 있는 동정호(洞庭湖)를 말한다. 동정호는 중국에서 두 번째로 큰 담수호로서, 동정호를 기준으로 남을 호남(湖南), 북을 호북(湖北)으로 나눈다.

춘추시대를 통일하는데 기여한 사상은 법가 사상이다. 법가 사상은 성악설을 주장하는 순자(筍子)의 가르침을 발전시킨 것이다. 한비자, 이사, 상앙 세 사람은 법가 사상을 대표하는 사람들이다. 이들은 자신들의 이상을 펼치기 위해 열심히 살았으나 이들의 마지막은 자신들의 이상과 달랐다.

상앙(商鞅;BC ?-338)은 관중을 흠모하며 준법정신을 강조했다. 그는 진(秦) 효공의 신임을 받아 법령과 제도를 개혁하고 부국강병을 꾀했다. 그러나 지나친 법령 지상주의로 인하여 많은 적을 만들었고, 결국 반대파에 쫓기다가 첩자를 색출하기 위해 자신이 만든 법망에 자신이 걸려들어 목숨을 잃었다.

한비자(韓非子; BC ?~233년)는 진(秦)의 승상인 이사(李斯)의 모함을 받아 투옥되었고 속임수에 빠져 스스로 독약을 마시고 자살했다. 한비자는 이사와 같은 스승 아래에서 배웠다.

이사(李斯; BC ?-208)는 진시황을 도와 진나라의 통일에 크게 기여했다. 통일 후에는 군현제, 도량형, 화폐, 문자 통일 등을 실시하여 중앙집권 국가의 기틀을 다졌다. 또 분서갱유 사건을 주도하며 권력의 2인자의 자리까지 올랐다. 그러나 농민 반란(진승·오광의 난)이 일어나면서 모함을 받아 한비자가 죽은 곳에서 허리가 잘리는 형을 받아 죽었다.

'꽃은 십일을 가지 못하고 권력은 십년을 가지 못한다.'(花無十日紅 勢無十年過)는 말처럼, 법가 사상을 대표하는 위 세 사람의 인생도 이목, 백기, 염파의 인생처럼 마지막이 영광스럽지 못하였다.

曠	遠	綿	邈	巖	岫	杳	冥
旷	远	绵	邈	岩	岫	杳	冥
광	원	면	막	암	수	묘	명
empty	far	cotton	far	rock	peak	obscure	dark
밝다 들판	멀다 세월이 오 래다	솜 가늘다	멀다 아득하다	바위 가파르다	산굴 암혈	어둡다 멀다	어둡다 어둠

(중국은) 넓고 멀고 면면히 이어져 아득하다. 큰 바위 산은 험하고 물은 깊고 어둡다.

The country is wide, far, boundless and interconnected ;
Big and large mountains are steep, waters are deep and dark.

9주의 광활한 땅은 산과 들이 광막하고 멀리 펼쳐져 있어, 사람들이 알지 못하는 곳에도 요새나 호수나 연못들이 있고, 바위와 멧부리가 높이 솟고, 물은 아득하고 깊다는 뜻이다.

중국이 광활한 땅을 얻는데 공이 큰 우리나라 출신의 장군이 있었다. 고선지(高仙芝; AD ?-755년)는 고구려 유민 출신의 당(唐)나라 장수이다. 고(高)씨가 고구려의 왕손의 성씨 이므로 고선지는 고구려 멸망 뒤 당으로 건너간 고구려 왕족의 후손이라 추정한다.

고선지가 당(唐)에서 주요 인물로 부상한 것은 741년 무렵부터 이다. 이때 톈산(天山) 산맥 서쪽의 달해부(達奚部)가 당(唐)에 반기를 들고 북상하자, 고선지가 기병 2,000명 을 데리고 토벌에 성공하였다. 이후 출정이 잦아져서, 고선지는 군사 1만 명을 이끌고 파

미르 고원을 넘어 토번족의 연운보(連雲堡)를 격파했고, 소발율국의 수도 아노월성(阿弩越城)을 점령하였다.(747)

　고선지는 사라센 제국과 동맹을 맺으려는 석국(石國, 타슈켄트 부근)을 토벌하고 국왕을 사로잡아 장안(長安)으로 호송하였다.(750) 당(唐)은 포로가 된 석국의 왕을 죽였다. 이에 이슬람의 아바스 조(朝)가 분개하여 탈라스(Talas)의 대평원으로 쳐들어왔다. 고선지는 이를 막기 위해 군사 3만을 데리고, 3차 서역 원정에 나섰으나. 수적 열세와 당(唐)의 군대에 있었던 돌궐족의 비협조로 3차 원정은 실패하였다. 이것이 탈라스 전투이다.(751)

　탈라스전투에서 포로가 된 당의 군사들 중에서는 제지 기술자가 있었다. 제지술은 이들에 의해 이슬람 세계에 전파되었다. 역사가들은 탈라스 전투가 서방세계에 제지술을 전하여 유럽 문명 부흥의 계기를 제공하였다고 평가한다.

　755년 안록산의 난이 일어나자 부원수가 되었으나 반란군 평정에 실패하였다. 그 후 고선지에게 원한을 품은 부관이 참소하여 진영에서 참수 당하였다고 한다. 한 때 당나라 현종에게 사랑을 받았던 고선지도 백기, 이목, 염파와 비슷한 마지막을 맞이하였으니, 이는 이방인의 한계로 보인다.

암수(巖峀) : 산이 높아서 오를 수 없는 산과 산의 동굴.
묘명(杳冥) : 물이 깊어서 깊이를 헤아릴 수 없는 곳. 명(冥)을 명(明)으로 쓴 간자 천자문도 있다.

治	本	於	農	務	玆	稼	穡
治	本	于	农	务	玆	稼	穑
치	본	어	농	무	자	가	색
govern	origin	a particle	farming	endeavor	this	plants	harvest
다스 리다	뿌리 기초	-에게 에있어서	농사 농업	힘쓰다	이에 검다	심다	거두다 곡식

다스림의 근본은 농사에 있으니 이에 심고 거두는데 힘쓴다.

Farming is the root of governing the country ;
therefore, try to sow and reap.

농경사회에서 농업이 생업의 근본임을 말하였다.

농자천하지대본(農者 天下之大本)은 '농업이 산업의 근본이다.' 라는 뜻이다. 군주는 백성을 하늘로 여기고 백성은 먹는 것을 하늘로 여긴다는 생각이 고대 농업사회의 중심사상이었다. 이에 따라 농본정책은 국가경영의 첫 번째 원리였다.

〈관자·목민(管子·牧民)〉에 '곳간이 가득 차 있어야 백성들이 예절을 안다.'(倉廩實則知禮節)라는 글이 있는데, 우리 속담에 '곳간에서 인심 난다.'는 뜻과 같다.

농본정책은 중국에만 있었던 일은 아니다. 우리나라 조선도 건국 초부터 왕도정치를 표방하고, 농본주의 중농정책을 실시하였다. 조선 정부는 과전법을 통해 관료들에게 토지를 지급하고, 농민에게는 경작권을 인정하여 농민 생활의 안정을 꾀하였다.

조선은 중농정책에 따라 토지개간을 장려하고 양전 사업(토지조사사업)을 실시하였다. 그 결과 고려 말 50여만 결의 경작지가 세종 때에는 170여만 결로 늘어났다. 또한 각종 수리 시설도 만들어, 하늘에 의존하는 농사에서 벗어나려 하였다. 칠정산 등의 천문 역법과 측우기 같은 기구를 만든 것도 농사에 도움을 주려는 노력이었다.

농업기술도 발전하여, 밭농사는 조, 보리, 콩의 2년 3작이 행해졌고, 논농사는 모내기가 시작되었다. 밑거름과 덧거름을 주는 농법으로 매년 농사를 지을 수 있게 되었다. 〈농사직설〉, 〈금양잡록〉 등의 농서를 만들어 보급하였다. (부록 참조)

동대문 밖에는 임금이 직접 농사짓는 적전(藉田)이 있었으며, 창덕궁 안에는 왕비가 친히 누에를 치는 친잠소(親蠶所)가 있었다. 이는 왕과 왕비가 농사에 모범을 보인다는 뜻으로 국가에서 농사를 중요시 하였다는 뜻이다.

어(於)를 중국 천자문에는 우(于)로 표기하였다.
가(稼) : 오곡을 심는 것.
색(穡) : 거두는 것.
가색(稼穡) : 파종(稼)과 수확(穡)을 합친 말. 즉 곡식 농사.
자(茲)는 지시형용사이다.

俶	載	南	畝	我	藝	黍	稷
俶	载	南	亩	我	艺	黍	稷
숙	재	남	묘	아	예	서	직
for the first time	load	south	ridge of field	my self	talent	millet	barnyard millet
비로소 움직이다	싣다 운반하다	남쪽	이랑 전답의 면적 단위	나	심다 기예	기장 오곡의 하나	기장 오곡의 신

비로소 남쪽 밭에 재배한다. (여기에) 나는 기장과 피를 심는다.

Start to sow and grow grain in the southern field ;
there I cultivate the season's yield.

농사에 있어서 일조량은 매우 중요하다. 농작물이 잘 자라려면 햇볕을 많이 받아야하기 때문이다. 일조량을 확보하기 위해서 밭은 햇볕이 잘 드는 남쪽에 있어야한다.

〈시경·주송·재삼(詩經·周頌·載芟)〉에 '좋은 보습이 있으니, 비로소 남쪽 밭에 재배한다.'(有略其耜 俶載南畝)라는 글이 바탕글이다. 〈시경·소아·대전(詩經·小雅·大田)〉에도 비슷한 글이 보인다. 〈시경〉이 만들어지던 시대에는 서(黍)와 직(稷)이 주된 곡식이었던 것으로 보인다. 농경사회에서 곡식은 중요한 식량이며, 곡식 중에서 오곡(五穀)을 제일로 여긴다. (22쪽 참조)

중국과 우리나라가 농업을 산업의 근본으로 생각하고 국가 발전을 꾀하였다면, 아테네의 경제발전은 상공업의 발전으로 이루어졌다.

그리스에서는 B.C 8세기 후반부터 상공업 발달에 따른 인구증가가 토지 부족 현상을 초래하여 폴리스인들은 해외로 진출을 꾀하였다. 그 결과 그리스인의 활동무대가 지중해 연안에서 흑해 연안까지 확대되어 해상무역이 활발해졌다. B.C 7세기 후반부터 리디아의 화폐제도가 도입되어 경제활동이 더욱 활기를 띄었으며, 이에 따라 부유해진 시민이 등장하였다. 전시에는 이들이 중장보병(팔랑크스)이 되어 전쟁에 참가하였다.

로마에서도 상공업으로 부를 축적한 시민들이 중장보병이 되어 전쟁에 공을 세우면서 이탈리아 반도를 통일하였고 나아가 지중해 연안을 장악하게 되었다.

서양이나 동양이나 부유한 중산층이 두터워야 국가가 발전하고 부강해진다.

예나 지금이나 국력은 경제력이다.

숙(俶) : 개시 한다. 비로소.
예(藝) : 종자를 심는다는 뜻.

173

稅	熟	貢	新	勸	賞	黜	陟
税	熟	贡	新	劝	赏	黜	陟
세	숙	공	신	권	상	출	척
tex	ripe	offer	new	advise	reward	degrade	ascend
부세 징수하다	익다 익숙하다	공물을 바 치다	새로운 처음	권하다	상주다 기리다	물리치다 물러나다	오르다

곡식이 익으면 부세를 내고 햇곡식으로 바친다.
부지런한 사람은 상을 주어 권하고 게으른 사람은 물리친다.

When the grain is ripe, taxes are paid to the state and
sacrifices to Haven with the first product(at Jongmyo Shrine).
The diligent are rewarded and the lazy are defeated.

국가는 백성에게 부세를 거두며, 농사를 장려한다.

부세는 후대로 내려와 조·용·조 세법으로 정리되었다. 조(租)는 곡식으로 내는 것이다. 용(庸)은 노동력으로 제공하는 것이다. 조(調)는 특산물로 내는 것이다.

조용조(租庸調)제도는 수(隋)나라에서 실시하였다. 수(隋)의 토지제도(균전제(均田制))와 군사제도(부병제(府兵制))가 조용조(租庸調) 세법과 함께 당(唐)나라에 계승되었다. 당(唐)은 균전제·부병제·조용조를 바탕으로 중국을 대표하는 국가가 되었다.

성경은 세금에 대하여 아래와 같이 말한다.

예수께서 말씀하시되 이 형상과 이 글이 누구의 것이냐, 이르되 가이사의 것이니이다. 이에 이르시되 그런즉 가이사의 것은 가이사에게, 하나님의 것은 하나님께 바치라 하시니. (마 22:21-22)

and he asked them, "Whose portrait is this? And whose inscription?" "Caesar's," they replied. Then he said to them, "Give to Caesar what is Caesar's, and to God what is God's." (Matthew 22:21-22)

모든 자에게 줄 것을 주되 조세를 받을 자에게 조세를 바치고 관세를 받을 자에게 관세를 바치고 두려워할 자를 두려워하며 존경할 자를 존경하라. (롬 13:7)

Give everyone what you owe him: If you owe taxes, pay taxes; if revenue, then revenue; if respect, then respect; if honor, then honor. (Romans 13:7)

세(稅) : 갑이 을에게 받는 것.(自上取下曰 稅), 집세.
공(貢) : 을이 갑에게 헌상하는 것.(自下獻上曰 貢) 조공(朝貢), 특산물로 내는 것.
　　국가에 상납하는 공물(貢物)은 주로 그 지역 토산품이었다.
역(役) : 국가에 노동력을 제공하는 것. 군역(軍役).
신(新) : 제때 익은 곡물.
출(黜) : 징벌적 조치를 하는 것.
척(陟) : 추천, 제안하는 것.

孟	軻	敦	素	史	魚	秉	直
孟	轲	敦	素	史	鱼	秉	直
맹	가	돈	소	사	어	병	직
first	wagon	generous	white	history	fish	hold	straight
맏 처음	굴대 수레	도탑다 진을치다	희다 꾸미지않고 순수함	역사 사관	물고기	손으로 잡다	곧다 바른행위

맹자는 순수하고 참된 품성을 기르는데 힘쓰고 사어는 성품이 곧고 정직하였다.

Man Ke try to cultivate good and purity ; Shi Yu were honest and right.

맹자와 사어의 이야기를 통해 사람은 성실하고 정직하여야한다는 것을 가르치는 문장이다.

맹가(孟軻)는 맹자의 이름이다. 당(唐)나라 이한(李翰)의 〈몽구(蒙求)〉에 '맹가는 소성을 길렀다.'(孟軻養素)는 구절에서 받았다.

사어(史魚)는 춘추시대 위(衛)나라 재상이다. 본래 이름은 어추라고 한다. 사어(史魚)는 충직한 간언으로 유명하여, 임금 앞에서도 죽기로 맹세하고 간언을 했다고 한다.

서양 속담에 '정직이 최선의 방책이다.'라 하였다.

성경은 정직이 복된 것이라고 한다.

오직 온전하고 공정한 저울추를 두며 온전하고 공정한 되를 둘 것이라 그리하면 네 하나님 여호와께서 네게 주시는 땅에서 네 날이 길리라. (신 25:15)

You must have accurate and honest weights and measures, so that you may live long in the land the LORD your God is giving you. (Deuteronomy 25:15)

속이는 저울은 여호와께서 미워하시나 공평한 추는 그가 기뻐하시느니라. (잠11:1)

The LORD abhors dishonest scales, but accurate weights are his delight.

(Proverbs 11:1)

한결같지 않은 저울추는 여호와께서 미워하시는 것이요 속이는 저울은 좋지 못한 것이니라. (잠 20:23)

The LORD detests differing weights, and dishonest scales do not please him.

(Proverbs 20:23)

돈소(敦素) : 맑고 참된 순수함을 도탑게 기르는 것.
소성(素性) : 하늘에서 받은 맑은 성품으로, 성선설의 근원이 되는 품성.
직(直) : 바른 것은 바르다 하고 아닌 것은 아니라 하는 것.(是爲是 非爲非 曰直)<순자>

庶	幾	中	庸	勞	謙	謹	勅
庶	几	中	庸	劳	谦	谨	敕
서	기	중	용	노(로)	겸	근	칙
multitude	some	middle	common	try	humility	respectful	royal letter
뭇 여러	거의 낌새	가운데	쓰다 떳떳함	일하다 힘쓰다	공손 하다	삼가다	조서 타이르다

대체로 모든 일에 치우치지 아니하고 열심히 일하고 겸손하며 삼가고 조심한다.
열심히 일하고 겸손하고 삼가고 조심하면 거의 중용의 도에 가까운 것이다.

Generally, Do not swerve to the right or the left : work hard, be modest, refrain, and be careful, then you will be a fair-minded person.

맹자와 사어의 수양 정도가 거의 중용에 가깝다는 뜻으로, 중용(中庸)은 유가(儒家)에서 가장 중요하게 여기는 덕목의 하나이다. 중용은 좌로나 우로나 치우치지 않는 것, 혹은 모자라거나 넘치지 않는 것이다. 유가(儒家)에서는 중용(中庸)을 지키라고 하고, 불가(佛家)에서는 중도(中道)를 걸으라고 가르치며, 기독교(基督敎)에서는 악(惡)에서 떠나라고 가르친다.

　노겸(勞謙)은 〈주역·겸괘(周易·謙卦)〉에 '근면하고 겸손한 군자는 마지막이 길하다.'(勞謙君子 有終吉)에서 나왔다.

성경은 악에서 떠나는 것이 중용의 길이라고 한다.

구부러진 말을 네 입에서 버리며 비뚤어진 말을 네 입술에서 멀리 하라. 네 눈은 바로 보며 네 눈꺼풀은 네 앞을 곧게 살펴, 네 발이 행할 길을 평탄하게 하며 네 모든 길을 든든히 하라. 좌로나 우로나 치우치지 말고 네 발을 악에서 떠나게 하라. (잠 4:24-27)

Put away perversity from your mouth; keep corrupt talk far from your lips. Let your eyes look straight ahead, fix your gaze directly before you. Make level paths for your feet and take only ways that are firm. Do not swerve to the right or the left; keep your foot from evil.
(Proverbs 4:24-27)

내 형제들아 무엇보다도 맹세하지 말지니 하늘로나 땅으로나 아무 다른 것으로도 맹세하지 말고 오직 너희가 그렇다고 생각하는 것은 그렇다 하고 아니라고 생각하는 것은 아니라 하여 정죄 받음을 면하라. (약 5:12)

Above all, my brothers, do not swear--not by heaven or by earth or by anything else. Let your "Yes" be yes, and your "No," no, or you will be condemned.
(James 5:12)

논어(論語), 맹자(孟子), 대학(大學), 중용(中庸)을 사서(四書)라 부른다. 사서(四書)는 유학의 교과서로 통한다.

聆	音	察	理	鑑	貌	辨	色
聆	音	察	理	鉴	貌	辨	色
령(영)	음	찰	리	감	모	변	색
hear	sound	watch	regulate	mirror	appearance	distinguish	colour
듣다 좇다	소리 음악	살피다	다스리다 도리	거울 살피다	모양 얼굴	분별하다 분명히 하다	빛깔 얼굴빛

소리를 듣고 다스림의 이치를 살피고 얼굴 표정과
안색을 보고 (바르고 삿됨을)판별한다.

Listen to the sound and know the nature's logic ;
look at the faces, and know the inside.

깨어있는 사람이 되어 바른 눈으로 세상을 보라는 뜻이다.

중용을 지키는 사람은 세상의 흐름을 겉만 보고 판단하지 않는다. 깨어있는 시각으로 세상 변화 속에 담긴 이치와 원리를 파악한다는 속뜻도 담겨 있다.

〈공자가어·변악해(孔子家語·辨樂解)〉에 '공자는 자로의 거문고 연주 소리를 듣고 '거기에 북방의 살벌한 소리가 있다.'고 하였다. 〈여씨춘추·심응람(呂氏春秋·審應覽)〉에 제 환공의 부인이 환공의 걸음을 보고 위나라를 공격하겠다는 뜻을 안 것과, 관중이 환공의 말씨를 보고 환공이 마음 돌린 것을 알아챘다는 일화가 있다. 이 두 가지 고사를 배경으로 만든 문장이다.

성경은 깨어있는 사람은 재앙을 피한다고 한다.

형제들아 너희는 어둠에 있지 아니하매 그 날이 도둑 같이 너희에게 임하지 못하리니 너희는 다 빛의 아들이요 낮의 아들이라 우리가 밤이나 어둠에 속하지 아니하나니 그러므로 우리는 다른 이들과 같이 자지 말고 오직 깨어 정신을 차릴지 라. (살전 5:4-6)

But you, brothers, are not in darkness so that this day should surprise you like a thief. You are all sons of the light and sons of the day. We do not belong to the night or to the darkness. So then, let us not be like others, who are asleep, but let us be alert and self-controlled. (1 Thessalonians 5:6)

근신하라 깨어라 너희 대적 마귀가 우는 사자 같이 두루 다니며 삼킬 자를 찾나니. (벧전 5:8)

Be self-controlled and alert. Your enemy the devil prowls around like a roaring lion looking for someone to devour. (1 Peter 5:8)

영(聆) : 듣다. 영음(聆音) : 소리를 듣다.
음(音) : 말하는 소리, 글 읽는 소리 등
감(鑑) : 살펴보는 것. 감모(鑑貌) : 거울에 모습을 비춘다.
변색(辨色) : 얼굴빛을 구별한다는 뜻이나, 숨은 생각을 알아 차린다는 의미

貽	厥	嘉	猷	勉	其	祗	植
貽	厥	嘉	猷	勉	其	祗	植
이	궐	가	유	면	기	지	식
leave to	the, it	fine	wisdom	make efforts	it	respect	plant
끼치다 남기다	그것 파다	아름답다	꾀 계략	힘쓰다	그	공경하다	심다

나라 다스리는 좋은 방책을 (후손에게) 남기고
(이 계책을) 공경하며 힘쓰는 마음을 (자손에게) 심어주어 노력하게 한다.

Pass down to descendants your fine principle ;
encourage them to carry out this.

험한 세상을 살아가는데 필요한 큰 가르침(교훈;教訓)을 후손에게 전하라는 뜻이다. 불가(佛家)에서는 세상을 고해(苦海)라고 하고 기독교에서는 광야(曠野)라고 한다. 고해(苦海)와 광야(曠野)에는 험하다는 뜻이 내포되어 있다. 이처럼 험한 세상에서 살아가려면, 세상을 뚫고 나가는데 필요한 아름다운 계책(嘉猷)이 있어야 한다. 회사로 비유하면 사훈(社訓), 학교의 교훈(校訓) 각 집안의 가훈(家訓) 쯤에 해당하는 밝은 도리를 마련하라는 것이다.

〈서경·군진(書經·軍陣)〉에 '너에게 아름다운 계획과 아름다운 꾀가 있거든 들어가서 임금께 고하라(爾有嘉謀嘉猷 則入告爾后于內)' 라는 문장이 있다.

성경에는 부모가 자식에게 사는 길을 가르친다.

내가 선한 도리를 너희에게 전하노니 내 법을 떠나지 말라. 나도 내 아버지에게 아들이 었으며 내 어머니 보기에 유약한 외아들이었노라. 아버지가 내게 가르쳐 이르기를 내 말을 네 마음에 두라 내 명령을 지키라 그리하면 살리라. (잠 4:2-4)

I give you sound learning, so do not forsake my teaching. When I was a boy in my father's house, still tender, and an only child of my mother, he taught me and said, "Lay hold of my words with all your heart; keep my commands and you will live. (Provers 4:2-4)

궐(厥) : 그(其), 지시 대명사.
유(猷) : 나라를 다스리는 방책과 생각.
이모(貽謀) : 조상이 후손을 위해 남긴 꾀.
이훈(貽訓) : 조상이 자손을 위해 남긴 교훈.
지(祗) : 공경하다.
식(植) : 수립하다.

省	躬	譏	誡	寵	增	抗	極
省	躬	讥	诚	宠	增	抗	极
성	궁	기	계	총	증	항	극
watchce	oneself	scold	warn	favour	increase	rivalry	utmost
살피다	몸 자신	나무 라다	경계 하다	괴다 사랑하다	붙다 늘다	막다 저지하다	다하다

지위가 극에 달하고 은총이 넘치는지, 기롱과 경계함이 있는지 성찰하며 몸을 살핀다.

Mind oneself by reflecting on the height of his position and full of grace, whether he has any sense of alertness or discipline.

사람은 자기를 돌아보고 반성할 수 있어야 한다는 뜻이다. 사람은 높은 자리에 오를수록 오만해진다. 또 총애를 받으면 주변에 시기하는 사람이 반드시 있다. 지위가 높을수록 겸손하게 살아야 한다는 가르침이다.

〈서경·주관(書經·周官)〉에 '지위는 교만한 데 이르지 않아야 하고 복록은 사치한 데 이르지 않아야 한다.'는 구절이 있다. 〈주역·건괘(周易·乾卦)〉는 '하늘에 높이 오른 용은 후회가 있다.'(亢龍有悔)라고 비유하였다. '벼는 익을수록 고개를 숙인다.'는 속담도 있다. 모두 겸손하라는 뜻이다.

성경은 교만을 경계하며 겸손하여 마음을 낮추라고 한다.

교만은 패망의 선봉이요 거만한 마음은 넘어짐의 앞잡이다. 겸손한 자와 함께 하여 마음을 낮추는 것이 교만한 자와 함께 하여 탈취물을 나누는 것보다 낫다. (잠 16:18-19)

Pride goes before destruction, a haughty spirit before a fall. Better to be lowly in spirit and among the oppressed than to share plunder with the proud. (Proverbs 16:18-19)

종을 어렸을 때부터 곱게 양육하면 그가 나중에는 자식인 체하리라. (잠 29:21)

If a man pampers his servant from youth, he will bring grief in the end. (Proverbs 29:21)

총증(寵增) : 영화가 과대한 것
항극(抗極) : 지위가 높아 극에 이른 것

殆	辱	近	恥	林	皐	幸	即
殆	辱	近	恥	林	皐	幸	即
태	욕	근	치	임(림)	고	행	즉
dangerous	abuse	near	shame	forest	hill	good luck	namely
위태 하다	욕 수치	가깝다 닮다	부끄러워 하다	숲	물가 언덕	다행 행복	곧 가깝다

(은총이 커지면) 욕으로 위태하게 되고 부끄러움에 가까워지니
숲 언덕에 (사는 것도) 행복에 이르는 것이다

A person may be threatened by scandals and feeling a shame ;
living one the hill in the forest is a happier life.

사람은 나아갈 때와 물러날 때가 있음을 알아야 한다는 뜻이다. 수즉다욕(壽則多辱)이라고 한다. 오래 살면 욕됨도 많다는 뜻이다. 노자(老子)는 '족한 것을 알면 모욕을 당하지 않고 그칠 것을 알면 위태로울 것이 없다.'(知足不辱 知止不殆)고 하였다. '썩은 밤송이 삼 년 간다.'라는 속담이 있다. 자리에서 물러날 때가 되었는데도 계속 앉아 버티는 경우를 풍자하는 말이다.

성경은 매사에 때가 있음을 상세하게 기록하였다.

범사에 기한이 있고 천하만사가 다 때가 있나니, 날 때가 있고 죽을 때가 있으며 심을 때가 있고 심은 것을 뽑을 때가 있으며 --- 찾을 때가 있고 잃을 때가 있으며 지킬 때가 있고 버릴 때가 있으며. --- 사랑할 때가 있고 미워할 때가 있으며 전쟁할 때가 있고 평화할 때가 있느니라. (전 3:1-8)

There is a time for everything, and a season for every activity under heaven: a time to be born and a time to die, a time to plant and a time to uproot, --- time to search and a time to give up, a time to keep and a time to throw away, --- a time to love and a time to hate, a time for war and a time for peace. (Ecclesiastes 3:1-8)

임고(林皐) : 산림고양(山林皐壤)의 줄임말. 산림(山林)과 물가에서 사는 것.
　석봉 천자문에는 임고(林睪)로 썼다.
고(皐) : 못, 늪, 높은 모양
즉(即) : 나아가다(就), 이르다(到)라는 뜻.

兩	疏	見	機	解	組	誰	逼
两	疏	见	机	解	组	谁	逼
양	소	견	기	해	조	수	핍
both	sparse	see	machine	explain	section	who	molestation
둘 짝	트다 통하다	보다 생각하다	틀 기계	풀다 가르다	끈 짜다	누구 찾아묻다	닥치다 협박하다

두 명의 소씨는 기회를 보고, 관인 주머니 끈을
풀었으니 (사직하였으니) 누가 핍박하리요

Both Mr. Shu saw the time to retire : they loosed official seal ties to resign. Who's going to blame them?

우리나라 속담에 누울 자리를 보고 발을 뻗으라는 속담이 있다. 이처럼 나아갈 때와 물러날 때를 알고 행동으로 실천한 사람의 실제 사례를 소개한 문장이다.

양소(兩疏)는 한나라의 유학자 소광(疏廣)과 소수(疏受)를 말한다. 한(漢) 나라 선제(宣帝) 때, 소광이 태자태부(太子太傅)가 되고, 소광 형의 아들 소수가 태자소부(太子少傅)가 되었다. 이들은 5년간 관직에 있다가, 느끼는 바가 있어 사임을 하고 귀향하였다. 많은 사람들이 소광과 소수의 처신에 아쉬워하면서 성문 밖까지 나와 환송했다고 한다.

소광(疏廣)과 소수(疏受)는 봉록이 2000석이나 되었으나, 이 두 사람은 봉록이나 명예에 연연하지 않았다. 다만 이 두 사람은 스스로 물러날 때를 알고 색거(索居)에 들어갔다.

한 집안에서 태자태부, 태자소부를 동시에 배출하였으니 이는 대단한 가문의 영광이다.

그러나 이들은 때를 알아, 스스로 관직에서 물러나 자신과 기문의 이름을 깨끗하게 지켰다.

우리나라에는 퇴계 이황 선생이 소광과 소수처럼 욕심 없이 사셨다. (부록 참조)

성경은 공직자는 신중하고 의로워야 한다고 한다.

감독은 하나님의 청지기로서 책망할 것이 없고 제 고집대로 하지 아니하며 급히 분내지 아니하며 술을 즐기지 아니하며 구타하지 아니하며 더러운 이득을 탐하지 아니하며 오직 나그네를 대접하며 선행을 좋아하며 신중하며 의로우며 거룩하며 절제하며 미쁜 말씀의 가르침을 그대로 지켜야 하리니 이는 능히 바른 교훈으로 권면하고 거슬러 말하는 자들을 책망하게 하려 함이라. (디 1:7-9)

Since an overseer is entrusted with God's work, he must be blameless--not overbearing, not quick-tempered, not given to drunkenness, not violent, not pursuing dishonest gain. Rather he must be hospitable, one who loves what is good, who is self-controlled, upright, holy and disciplined. He must hold firmly to the trustworthy message as it has been taught, so that he can encourage others by sound doctrine and refute those who oppose it. (Titus 1:7-9)

기(機) : 낌새, 때, 기회의 뜻
해조(解組) : 관인 끈을 풀다. 즉 벼슬을 그만 두다

索	居	閑	處	沈	黙	寂	寥
索	居	闲	处	沉	默	寂	寥
색(삭)	거	한	처	침	묵	적	요
seek	dwell	leisure	place	sink	silent	desolate	lonely
찾다 동아줄	있다 살다	한가 하다	곳 살다	가라 앉다	묵묵 하다	고요함 평온함	쓸쓸 하다

(퇴직하여) 조용하고 한가한 곳을 찾아 침묵하며 고요히 생활한다.

Search for a peaceful and leisurable place, ; live a quiet life.

소광(疏廣)과 소수(疏受)는 관직에서 물러나 고향에 돌아온 후, 그간에 모은 돈으로 일가친지에게 베풀며 편안한 여생을 보냈다고 한다. 이런 삶은 족함을 알고 버릴 줄 알고 감사함을 아는 사람만이 가능한 일이다. 소광과 소수 이야기는 〈한서·소광전(漢書·疏廣傳)〉에 전한다.

알렉산더의 동방원정(B.C. 334) 이후 오리엔트 세계에는 헬레니즘 사상이 전파되는데, 헬레니즘 사상 안에 위 문장과 비슷한 모습이 보인다. (부록 참조)

성경에 매우 감동적인 바울 선생의 지족(知足)과 감사의 고백이 있다.

내가 궁핍하므로 말하는 것이 아니니라. 어떠한 형편에든지 나는 자족하기를 배웠노니, 나는 비천에 처할 줄도 알고 풍부에 처할 줄도 알아 모든 일 곧 배부름과 배고픔과 풍부와 궁핍에도 처할 줄 아는 일체의 비결을 배웠노라 내게 능력 주시는 자 안에서 내가 모든 것을 할 수 있느니라. (빌 4:11-13)

I am not saying this because I am in need, for I have learned to be content whatever the circumstances. I know what it is to be in need, and I know what it is to have plenty. I have learned the secret of being content in any and every situation, whether well fed or hungry, whether living in plenty or in want. I can do everything through him who gives me strength. (Philippians 4:11-13)

색거(索居) : 세상과 떨어져 조용한 곳에서 생활하는 것.
색(索) : 찾다
삭(索) : 홀로, 헤어지다
삭(索) : 동아줄
삭도(索道) : 케이블 카
적(寂) : 소리가 없는 것
요(寥) : 주변에 사람이 없는 것
중국 천자문은 침(沈)을 침(沉)으로 표기하였다.

求	古	尋	論	散	慮	逍	遙
求	古	寻	论	散	虑	逍	遥
구	고	심	론	산	려	소	요
seek after	antiquity	look for	consult	scatter	consider	ramble	distant
구하다 묻다	옛 오래다	찾다 평소	말하다 진술하다	흩다 헤어지다	생각하다 꾀하다	노닐다 거닐다	멀다 길다

옛 경전과 깊은 토론으로 (진리를) 찾으며
세상의 염려를 흩어버리고 한가롭게 노닌다.

Seek the truth with deep discussion and old scriptures,
let go of your worries, take a peaceful walk.

색거하는 사람이나 은퇴한 사람의 모범적인 일상을 제시하였다. 이처럼 옛 사람의 지혜와 경륜을 존중하고 익혀, 자신의 삶에 투영하며 사는 사람이 참 군자라는 뜻이다.

〈논어·술이(論語·述而)〉편에 '공자가 가로되, 나는 나면서부터 알고 있는 사람이 아니라 옛일을 좋아해서 재빨리 그것을 구한 자이다.'(子曰 我非生而知之者 好古敏以求之者也)라는 글의 뜻을 담은 것으로 추측한다.

헬레니즘 시대의 스토아(Stoa) 학파가 이 문장의 생각과 비슷하다. 제논(Zenon)이 창시한 스토아 학파는 금욕(禁慾)을 통한 정신적 안정을 주장하며, 이성이 모든 자유의 기초라고 보았다. 세계시민주의 풍조를 대표하는 스토아 학파는 금욕주의 성격이 강하고, 뒤에 기독교 사상의 배경이 되었다. 색거하며 구고심론(求古尋論)하는 자세와 스토아 학파의 주장과 비슷한 점이 있어서 소개하였다.

성경은 옛 것에서 구하는 사람을 진리를 마음 판에 새기고 사는 사람이라고 본다.

인자와 진리가 네게서 떠나지 말게 하고 그것을 네 목에 매며 네 마음 판에 새기라 그리하면 네가 하나님과 사람 앞에서 은총과 귀중히 여김을 받으리라. (잠3:3-4)

Let love and faithfulness never leave you; bind them around your neck, write them on the tablet of your heart. 3:4 Then you will win favor and a good name in the sight of God and man. (Proverbs 3:3-4)

산려(散慮) : 번다한 생각이나 잡념을 버린다는 뜻.
소요(逍遙) : 구속에서 벗어난 자유로운 상태.

欣	奏	累	遣	感	謝	歡	招
欣	奏	累	遣	戚	谢	欢	招
흔	주	루(누)	견	척	사	환	초
joy	inform	add	send	sorrow	thanks	enjoy	invite
기뻐하다 기쁨	아뢰다 상소하다	여러 묶다 더러움	보내다 파견하다	슬퍼 하다	사례 하다	기뻐 하다	부르다 속박하다

기쁨은 즐기고 더러움은 보낸다. 슬픈 것은 떠나보내고 기쁜 것은 초대한다.

Enjoy delight, let go of your anxiety ; send away sadness, invite with joy.

때를 알고 행동하는 사람의 처신과 생활을 말하였다. 소광과 소수처럼 은퇴한 사람이 전원에서 책을 벗 삼으며, 욕심 없는 삶을 살면, 잡스런 생각이 저절로 사라지고 기쁜 일만 남는다는 뜻이다. 버릴 것은 버리고 기쁜 일은 즐기며 사는 사람이 평안한 사람이다.

헬레니즘 시대에 스토아 학파와는 시각이 다르나 세계시민주의가 반영된 에피쿠로스 (Epicuros) 학파가 있었다. 에피쿠로스 학파는 에피쿠로스(Epicuros)가 창시하였다. 이들은 세상의 변화로부터 자유로움으로 행복을 얻을 수 있다고 하였다. 이 자유로움은 개인의 쾌락(육체적 쾌락이 아닌 마음의 행복)을 존중하는 개인주의 풍조를 대표하나, 뒤에 로마에서는 귀족들의 생활신조로 변질되었다. 예전에 일본사람들은 이 학풍을 쾌락주의

라고 번역하였다. 흔주누견(欣奏累遣), 척사환초(慼謝歡招)의 자세와 에피쿠로스 학파

와 주장과 비슷한 점이 있어 소개하였다.

성경은 슬퍼할 만한 일도 축복하고 우는 것도 즐거운 것도 함께 하라 한다.

너희를 박해하는 자를 축복하라 축복하고 저주하지 말라

즐거워하는 자들과 함께 즐거워하고 우는 자들과 함께 울라. (롬 12:14-15)

Bless those who persecute you; bless and do not curse. Rejoice with those

who rejoice; mourn with those who mourn. (Romans 12:14-15)

너희 염려를 다 주께 맡기라 이는 그가 너희를 돌보심이라. (벧전 5:7)

Cast all your anxiety on him because he cares for you. (1 Peter 5:7)

주(奏) : 여기서는 나아간다(進)는 뜻.

견(遣) : 물리쳐서 제외한다. 배제(排除)한다는 뜻.

루(累) : 여기서는 폐, 더러움, 번뇌의 의미

渠	荷	的	歷	園	莽	抽	條
渠	荷	的	历	园	莽	抽	条
거	하	적	력(역)	원	망	추	조
ditch	lotus	target of-	pass through	garden	grass	draw	item
개천 도랑	연꽃 책망하다	과녁 표준	지내다 지나가다	동산 정원	우거지다 풀	빼다 뽑다	가지

개천의 연꽃도 광채가 찬란하고 동산의 잡초들은 가지가 뻗어나간다.

The lotus flowers in ditch are brilliant ;
the weeds in the garden stretch out to branches.

봄과 여름의 정경을 묘사하였다. 세상은 거칠고 험하다. 그럼에도 불구하고 사람은 연꽃의 청정함과 잡초의 싱싱한 생명력을 배우며, 힘차게 살아야 한다는 뜻도 담겨있다. 연꽃은 진흙밭에서도 더럽혀지지 않고 꽃을 피우고 아름다운 향기를 발한다. 불가(佛家)에서는 연꽃을 불가(佛家)를 상징하는 꽃으로 여긴다. 이는 혼탁한 세상에서도 세상에 물들지 말고 연꽃처럼 아름답게 살아야 한다는 뜻이다.

성경은 우리 주변에 펼쳐지는 정경을 하나님의 작품으로 여긴다.

공중의 새를 보라 심지도 않고 거두지도 않고 창고에 모아들이지도 아니하되 너희 하늘 아버지께서 기르시나니 너희는 이것들보다 귀하지 아니 하냐 너희 중에 누가 염려함으로 그 키를 한 자라도 더할 수 있겠느냐 또 너희가 어찌 의복을 위하여 염려하느냐 들의 백합화가 어떻게 자라는가 생각하여 보라 수고도 아니 하고 길쌈도 아니 하느니라.

(마 6:26-28)

Look at the birds of the air; they do not sow or reap or store away in barns, and yet your heavenly Father feeds them. Are you not much more valuable than they? Who of you by worrying can add a single hour to his life? "And why do you worry about clothes? See how the lilies of the field grow. They do not labor or spin. (Matthew 6:26-28)

력(歷) : 뚜렷하다. 역력하다.
적력(的歷) : 광채가 찬란함.
망(莽) : 대나무의 일종.
추조(推條) : 가지가 벋고 크게 자라는 것.

枇	杷	晚	翠	梧	桐	早	凋
枇	杷	晚	翠	梧	桐	早	凋
비	파	만	취	오	동	조	조
loquat	loquat	late	blue	paulownia	paulownia	early	wither
비파 비파나무	비파나무 써레	늦다 저물다 해질 녘	물총새 비취색	벽오동 나무 거문고	오동나무 거문고	새벽 이르다	마르다 시들다

비파나무는 늦가을에도 푸르고 오동나무잎은 (가을이면) 일찍 마른다.

A loquat is green even in late autumn ; a paulownia falls down too fast.

가을의 정경을 문장에 담고, 계절 변화에 따른 자연의 섭리에 순종하는 지혜를 담았다. 비파의 녹색을 통해 선비의 지조를 비유하였고, 오동나무를 통해서는 사물의 변화를 알고 이에 순종하는 지혜를 비유하였다.

비파나무는 장미과에 속하는 나무로 관상용으로 심어 기르는 상록의 키 작은 나무이다. 오동나무는 잎이 매우 커서 다른 식물보다 나무잎이 먼저 마른다.

성경은 모든 자연을 하나님이 아름답게 지으셨다고 한다.

하나님이 모든 것을 지으시되 때를 따라 아름답게 하셨고 또 사람들에게는 영원을 사모하는 마음을 주셨느니라. 그러나 하나님이 하시는 일의 시종을 사람으로 측량할 수 없게 하셨도다. (전 3:11)

He has made everything beautiful in its time. He has also set eternity in the hearts of men; yet they cannot fathom what God has done from beginning to end. (Ecclesiastes 3:11)

중국 한(漢)이 건재하던 시기에 서양에는 로마제국이 있었다. 로마제국 최대 전성기를 로마의 평화(PaxRomana ; B.C 27~A.D 180)라고 하며, 이 시기는 아우구스투스(Augustus)이후 200년간을 말한다. 로마 평화시대 초기에는 카리큘라(Caligula)나 네로(Nero)와 같은 폭군이 나오기도 했으나 1세기 말부터 5현제(五賢帝)가 연달아 즉위해 평화와 번영을 누렸다. 이 시기를 특별히 오현제 시대라 한다. 5현제는 네르바(Nerva), 트라야누스(Trajanus), 하드리아누스(Hadrianus), 안토니우스 피우스(Antonius Pius), 마르크스 아우렐리우스(Marcus Aurelius)이다.

만(晚) : 여기서는 만추(晚秋) 즉 늦가을을 뜻한다.
조(早)를 조(蚤)로 표기한 중국 천자문이 있다. 뜻은 같다.

陳	根	委	翳	落	葉	飄	颻
陈	根	委	翳	落	叶	飘	摇
진	근	위	예	낙(락)	엽	표	요
arrange	root	entrust	shade	fall	leaf	whirl wind	floating in the air
진열하다 진치다 묵다	뿌리	맡기다 버리다	가리다 몸가리다	떨어지다	잎사귀	회오리 바람 날리다	질풍

시들은 뿌리는 말라서 버려지고 낙엽은 날리며 떨어진다.

The old roots are dried up and discarded ; the fallen leaves fly all around.

바람이 휘몰아쳐 낙엽이 휘날리는 겨울의 정경을 그린 문장이다. 자연의 섭리를 빌려서 인생의 황혼을 비유하였다.

봄·여름·가을·겨울 사계절의 변화는 자연의 순환 원리이다.

성경은 사람이 자연의 섭리 안에서 행동하라고 한다.

구름에 비가 가득하면 땅에 쏟아지며 나무가 남으로나 북으로나 쓰러지면 그 쓰러진 곳에 그냥 있으리라 풍세를 살펴보는 자는 파종하지 못할 것이요 구름만 바라보는 자는 거두지 못하리라. (전 11:3-4)

If clouds are full of water, they pour rain upon the earth. Whether a tree falls to the south or to the north, in the place where it falls, there will it lie. Whoever watches the wind will not plant; whoever looks at the clouds will not reap. (Ecclesiastes 11:3-4)

　국가에도 겨울이 온다. 로마제국도 기한이 다하여 멸망하였다. 로마의 최고 전성시기인 오현제(五賢帝)시대 이후 군대가 정치에 개입하여 군인황제시대(235~285)가 열렸다. 이로 인해 잦은 황제 교체(50년간 26명)가 일어나고 정치적 혼란이 거듭되었다. 속주에서도 반란이 거듭되었고 이민족의 침입(사산조 페르시아, 게르만족)도 지속되었다. 반란과 이민족의 침입은 농촌 경제의 몰락, 도시 상공업의 피폐를 가져왔다. 귀족들의 정신적 타락과 사치풍조도 유행하였다. 부족한 군인을 용병으로 채워 로마 군대를 유지하였으나 결국 게르만의 용병대장 오도아케르의 의해 서로마제국이 멸망하였다.(476)

　역사학자 기본(Gibon)은 '기독교 전파'를 로마의 멸망 원인으로 보았다.

　또 다른 역사가는 로마가 개방성과 관용으로 이민족들의 종교와 문화를 용인함으로서 대제국이 되었는데, 다양성을 인정하는 국가가 기독교를 인정함으로서 멸망의 길을 걷게 되었다고 보았다.

진근(陳根) : 고사한 나무뿌리.
중국 간자 천자문에는 '표요'의 '요'자를 '요(飆)'로 표기한 것도 있고 '요(搖)'로 표기한 것도 있다.

遊	鯤	獨	運	凌	摩	絳	霄
游	鲲	独	运	凌	摩	绛	霄
유	곤	독	운	능(릉)	마	강	소
swim float	sea monster	alone	operation	exceed	rub	red	sky
헤엄 뜨다	물고기 이름	홀로 홀 몸	돌다 회전하다	능가하다 깔보다	갈다 문지르다	진홍색 붉다	하늘 진눈깨비

헤엄치던 곤이 홀로 비상하여 진홍 빛 높은 하늘을 비웃는 듯
하늘 가까이 미끄러지듯 날아간다.

The swimming Gon flies alone in the sky ; The flying Gon looks like laughing at the red sky and seems to slide through the high sky.

북해의 곤(鯤)이 붕(鵬)이 되어 남쪽으로 날아가는 모습을 그렸다. 이 문장은 해석이 분분하여 큰 뜻을 품은 사람이 넓은 세상으로 나아가는 것을 비유한다고 풀이하기도 하고, 자연의 섭리 안에서 인간은 미미한 존재라는 것을 비유한다는 견해도 있다.

곤(鯤)은 〈장자·소요유(莊子·逍遙遊)〉 속에 등장하는 상상의 동물이다. 곤은 북해에 사는 큰 물고기라고 하는데, 곤(鯤)이 때가 되면 붕(鵬)이라는 큰 새로 변한다고 한다. 붕(鵬)은 크기가 수천 리에 달하며 한 번 날면 구만리를 난다는 상상의 새이다.

붉은색은 오행(五行)으로 화(火)에 해당하며, 방위로는 남(南)을 가리킨다. 그러므로 붉은 하늘은 남쪽 혹은 밝은 세계, 문명세계를 뜻한다.

성경은 한 선지자의 고백을 통하여 인간은 미미한 존재라고 한다.

매가 떠올라서 날개를 펼쳐 남쪽으로 향하는 것이 어찌 네 지혜로 말미암음이냐. 독수리가 공중에 떠서 높은 곳에 보금자리를 만드는 것이 어찌 네 명령을 따름이냐.
(욥 39:26-27)

"Does the hawk take flight by your wisdom and spread his wings toward the south? Does the eagle soar at your command and build his nest on high?

(Job 39:26-27)

내가 새벽 날개를 치며 바다 끝에 가서 거주할지라도 거기서도 주의 손이 나를 인도하시며 주의 오른손이 나를 붙드시리이다. (시 139:9-10)

If I rise on the wings of the dawn, if I settle on the far side of the sea, even there your hand will guide me, your right hand will hold me fast.

(Psalms 139:9-10)

마(摩) : 여기서는 가깝다는 뜻

독운(獨運) : 홀로 비상하는 것.

강소(絳宵) : 붉게 물든 하늘 또는 하늘 가장 높은 곳.

곤(鵾) : 학(鶴)과 비슷하게 생긴 새라고 하며 무리 짓지 않고 홀로 다닌다고 한다.
　중국 간자 천자문은 곤(鹍)으로 썼다.

耽	讀	翫	市	寓	目	囊	箱
耽	读	玩	市	寓	目	囊	箱
탐	독	완	시	우	목	낭	상
addict	read	toy	market	sojourn	eye	purse	box
즐기다	읽다	구경하다	저자시장	머무르다	눈 눈여겨보다	주머니	상자 곳집

독서가 즐거워 시장 서점에 구경 가니 눈으로 읽는 것 마다
지식 상자에 들어간 듯하다

He goes to the market bookstore to enjoy reading. Everything he reads become his knowledge as if his knowledge is in his pocket.

후한 시대 학자 왕충(王充)의 이야기를 빌려 학업에 열심히 할 것을 권하는 글이다. 〈몽구(蒙求)〉라는 책에 '왕충은 가난하여 거리 책방에서 팔려고 내놓은 책을 뒤적이며 공부하였다.'고 한다. 왕충이 책을 한번 읽으면 잊지 않으므로 지식을 주머니 상자에 넣은 것 같다고 표현한 것은 왕충의 총명함뿐 아니라 배움에 대한 간절함도 표현한 것이다. 왕충은 〈후한서(後漢書)〉에 기록된 사람으로 〈논형(論衡)〉이라는 책을 지었다.

주경야독(晝耕夜讀)이라는 말이 있다. 낮에는 농사짓고, 밤에는 독서한다는 뜻으로 경제적으로 어려워도, 열심히 일하며 공부하는 사람을 격려할 때 사용하는 말이다.

성경은 책을 읽고 묵상하고 좌로나 우로나 치우치지 말고 지켜 행하라고 한다.

오직 너는 마음을 강하게 하고 극히 담대히 하여 나의 종 모세가 네게 명한 율법을 다 지켜 행하고 좌로나 우로나 치우치지 말라 그리하면 어디로 가든지 형통하리니 이 율법 책을 네 입에서 떠나지 말게 하며 주야로 그것을 묵상하여 그 안에 기록된 대로 다 지켜 행하라 그리하면 네 길이 평탄하게 될 것이며 네가 형통하리라. (수 1:7-8)

Be strong and very courageous. Be careful to obey all the law my servant Moses gave you; do not turn from it to the right or to the left, that you may be successful wherever you go. Do not let this Book of the Law depart from your mouth; meditate on it day and night, so that you may be careful to do everything written in it. Then you will be prosperous and successful. (Joshua 1:7-8)

우목(寓目) : 눈빛, 눈길이 머무르는 곳

易	輶	攸	畏	屬	耳	垣	墻
易	輶	攸	畏	属	耳	垣	墙
이	유	유	외	속	이	원	장
easy exchange	light	distent	dread fear	belong to	ear	wall	fence
쉽다 바꾸다	가볍다 가벼운 수레	-바 다스리다	두려워하다 협박하다	붙이다 엮다 잇다	귀 귀에익다	담	담 경계

쉽고 가벼운 말도 두려워하라. 벽에도 귀가 있다.

Be afraid of thoughtless words ; Walls also have ears.

사람은 말을 신중하게 하여야 한다는 뜻이다. '발 없는 말이 천리 간다.'는 속담이 있다. '낮에는 새가 듣고 밤에는 쥐가 듣는다.'는 속담도 있다. 모두가 말조심하라는 뜻이다. 사람은 언행에 신중하여야 한다.

〈시경·소아(詩經·小雅)〉에 '군자는 말을 함부로 하지 마라. 담장에 귀가 달려있다.'(君子無易由言 耳屬于垣)라는 문장이 있다.

성경은 말이 독이기도 하고 뼈의 양약이 되기도 한다고 한다.

혀는 능히 길들일 사람이 없나니 쉬지 아니하는 악이요 죽이는 독이 가득한 것이라. 이 것으로 우리가 주 아버지를 찬송하고 또 이것으로 하나님의 형상대로 지음을 받은 사람을 저주하나니, 한 입에서 찬송과 저주가 나오는 도다. 내 형제들아 이것이 마땅하지 아니 하니라. (약 3:8-10)

but no man can tame the tongue. It is a restless evil, full of deadly poison. With the tongue we praise our Lord and Father, and with it we curse men, who have been made in God's likeness. Out of the same mouth come praise and cursing. My brothers, this should not be. (James 3:8-10)

말이 많으면 허물을 면하기 어려우나 그 입술을 제어하는 자는 지혜가 있느니라. (잠 10:19)

When words are many, sin is not absent, but he who holds his tongue is wise. (Proverbs 10:19)

선한 말은 꿀 송이 같아서 마음에 달고 뼈에 양약이 되느니라. (잠16:24)

Pleasant words are a honeycomb, sweet to the soul and healing to the bones. (Proverbs 16:24)

具	膳	湌	飯	適	口	充	腸
具	膳	湌	饭	适	口	充	肠
구	선	손	반	적	구	충	장
posses	cooked food	supper	boiled rice	opportune	mouth	fill up	bowels
갖추다 설비하다	반찬 드리다	밥 먹다	밥 밥을 먹다	맞다 이르다	입 구멍	차다 채우다	창자 마음

반찬을 갖추고 밥을 먹는데 입에 맞아 배를 채우면 충분하다

When we have a meal(with side dishes), It's enough to fill our stomach.

먹는 것을 탐하지 말라는 문장이다. '시장이 반찬이다.' 라는 속담도 있다. 배고프면 무엇이든 맛있다. 음수사원(飮水思源)이란 말이 있다. 한 모금의 물이라도 물의 순환 원리를 생각하면 하늘에, 땅에 감사하다는 뜻이다. 음식도 식탁 위에 오르기까지에는 여러 사람의 손을 거쳐야 한다. 씨 뿌리고 경작하며 땀 흘린 농부의 손길과 식재료를 씻고 다듬어서 조리하는 사람의 손길까지, 이들의 수고를 생각하며 음식을 감사히 먹는 것이 바른 마음가짐이다.

〈논어·학이(論語·學而)〉에 '군자는 먹는 데 배부른 것을 구하지 않고 거처하는 데 편안한 것을 구하지 않는다.'(君子食無求飽 居無求安)라는 글과 같은 뜻이다.

성경은 음식 보다는 마음을 더 중히 여긴다.

가산이 적어도 여호와를 경외하는 것이 크게 부하고 번뇌하는 것보다 나으니라. 채소를 먹으며 서로 사랑하는 것이 살진 소를 먹으며 서로 미워하는 것보다 나으니라.

(잠 15:16-17)

Better a little with the fear of the LORD than great wealth with turmoil. Better a meal of vegetables where there is love than a fattened calf with hatred. (Proverbs15:16-17)

율법을 지키는 자는 지혜로운 아들이요 음식을 탐하는 자와 사귀는 자는 아비를 욕되게 하는 자니라. (잠 28:7)

He who keeps the law is a discerning son, but a companion of gluttons disgraces his father. (Proverbs 28:7)

손(飱)은 찬(餐)과 같다. 석봉 천자문은 손(飱)으로 썼다.
손(飱)을 손(飧) 혹은 찬(餐)으로 쓴 천자문도 있다.
손(飱) : 저녁밥, 짓다, 말다
찬(餐) : 먹다, 음식물, 끼니 사이에 참참이 먹는 음식
찬(饌) : 반찬, 갖추어 먹는 여러 가지 음식
손(飧) : 저녁밥, 간단한 식사, 국에 말다
충장(充腸) : 배부르게 먹다

飽	飫	烹	宰	飢	厭	糟	糠
饱	饫	烹	宰	饥	厌	糟	糠
포	어	팽	재	기	염	조	강
eating one's fill	eat too much	boil	premier	starve	unwilling	dregs	chaff
배부르다	물리다 실컷먹다	삶다 익힌음식	재상 벼슬아치	주리다 기아	싫다 족하다	술지게미	겨 쌀겨

배부르면 좋은 음식도 물리고, 배고프면 술지게미와 쌀겨도 족하다.

When you're full, you'll refuse to eat good food; when you're hungry, you'll be happy even to eat with coarsest grain.

앞 문장과 뜻이 연결된다. 먹는 음식을 통하여 사람의 본성을 알려주는 문장이기도 하다. 먹는 것과 관련된 문장을 연속 배치한 것을 보면, 당시 사람들에게 끼니를 해결하는 것이 매우 큰일이었음을 알 수 있다.

조강지처(糟糠之妻)라는 말이 있다. 조강지처란 가난한 집에 시집와서, 먹을 것이 없어 쌀 지게미를 얻어먹고 살면서, 남편을 도와 가정을 일으킨 부인을 칭송하여 부르는 말이다. 이런 부인은 남편이 절대로 버리지 못한다고 하였다.

동고동락(同苦同樂)은 고생도 같이하고 즐거움도 같이 한다는 뜻이다. 가족(家族)은 동고동락하며, 좋은 음식도 같이 나누고 거친 음식도 같이 나눈다.

성경은 좋은 음식보다 가정의 화목을 더 중히 여긴다.

배부른 자는 꿀이라도 싫어하고 주린 자에게는 쓴 것이라도 다니라. (잠 27:7)

He who is full loathes honey, but to the hungry even what is bitter tastes sweet. (Proverbs 27:7)

마른 떡 한 조각만 있고도 화목하는 것이 제육이 집에 가득하고도 다투는 것보다 나으니라. (잠 17:1)

Better a dry crust with peace and quiet than a house full of feasting, with strife. (Proverbs 17:1)

하나님의 나라는 먹는 것과 마시는 것이 아니요 오직 성령 안에 있는 의와 평강과 희락이라. (롬 14:17)

For the kingdom of God is not a matter of eating and drinking, but of righteousness, peace and joy in the Holy Spirit. (Romans 14:17)

포(飽) : 배부르다, 만족하다
어(飫) : 배불리 먹는 것.
재(宰) : 소, 양, 닭, 오리 등을 조리한 것
염(厭) : 여기서는 족하다는 뜻
조강(糟糠) : 지게미와 쌀겨. 가난한 사람이 먹는 조악한 음식이라는 뜻. 술지게미는 모주를 짜내고 남은 찌꺼기이다.

親	戚	故	舊	老	少	異	糧
亲	戚	故	旧	老	少	异	粮
친	척	고	구	로(노)	소	이	량(양)
related	race	reason	old	old	young	different	food
친하다 사랑하다	겨레 도끼	옛날에 연고	옛날 오래	늙은이 늙다	적다 젊은이	다르다 달리하다	양식 자료

친척과 오래 친구들도 멀고 가까운 차이가 있고,
음식을 대접할 때 늙은이와 젊은이는 음식이 다르다.

Three is a difference in the familiarity between relatives and friends ; When hosting your relatives and old friends, the foods you serve are different between old guests and young guests.

친척과 친구들도 멀고 가까운 차이가 있으며, 상차림에도 윗 사람을 공경하고 상대방을 배려하여야 한다는 가르침이 담겨 있다. 젊은이들에 비해 치아가 약한 노인들은 음식이 무르고 부드러워야 한다. 또 노인이 되면 식사량도 줄어든다. 그래서 젊은이가 좋아하는 음식이 있고 노인들 입에 맞는 음식이 있다. 음식 대접에도 이와 같은 것들을 고려하여야 한다. 식탁 위에서도 존중과 배려가 생활화되어있는 사회는 아름다운 사회이다.

성경은 젊은이에게 공의로운 길을 걸어야 한다고 한다.

청년이여 네 어린 때를 즐거워하며 네 청년의 날들을 마음에 기뻐하여 마음에 원하는 길들과 네 눈이 보는 대로 행하라 그러나 하나님이 이 모든 일로 말미암아 너를 심판하실 줄 알라. (전 11:9)

Be happy, young man, while you are young, and let your heart give you joy in the days of your youth. Follow the ways of your heart and whatever your eyes see, but know that for all these things God will bring you to judgment. (Ecclesiastes 11:9)

젊은 자의 영화는 그의 힘이요 늙은 자의 아름다움은 백발이니라. (잠 20:29)

The glory of young men is their strength, gray hair the splendor of the old. (Proverbs 20:29)

백발은 영화의 면류관이라 공의로운 길에서 얻으리라. (잠16;31)

Gray hair is a crown of splendor; it is attained by a righteous life. (Proverbs 16:31)

친(親) : 성이 같은 친척(親戚)(아버지 친지)
척(戚) : 성씨가 다른 친척(고종 내종 이종 어머니 친지)
고구(故舊) : 사귄지 오래된 늙은 친구.

妾	御	績	紡	侍	巾	帷	房
妾	御	绩	纺	侍	巾	帷	房
첩	어	적	방	시	건	유	방
concubine	royal	spin	spin	serve	towel	curtain	room
첩 계집 종	어거하다 모시다	길쌈 하다	잣다 실을뽑다	모시다	수건 두건	장막 휘장	방 별자리 이름

부녀자는 길쌈을 매고 실을 잣으며, 방안에서는 수건을 받드니 처첩의 일이다.

Woman made clothes, spun thread ; served towels, made bed.

부녀자(婦女子)가 가사(家事)를 담당한다는 글이다. 옛날에는 가정의 일을 안의 일과 바깥일로 나누어, 바깥일은 남자가 맡고, 안의 일은 여자가 하는 일로 생각하였다. 처(妻) 와 첩(妾)은 다르다. 처(妻)는 정식 혼인을 치른 아내(본 부인)를 말하며, 첩(妾)에게 지시 하고 감독하는 위치에 있다. 지금은 시대가 바뀌어, 여자들도 자신의 능력을 발휘하며 밖 에서 활동한다.

오늘날에는 첩(妾)의 개념이 없는 시대이므로 부녀자로 풀이하였다.

성경은 여인이 가정에서 하는 일을 상세하게 열거하였다.

누가 현숙한 여인을 찾아 얻겠느냐 그의 값은 진주보다 더 하니라 --- 그는 양털과 삼을 구하여 부지런히 손으로 일하며 --- 밤이 새기 전에 일어나서 자기 집안사람들에게 음식을 나누어 주며 여종들에게 일을 정하여 맡기며 밭을 살펴보고 사며 자기의 손으로 번 것을 가지고 포도원을 일구며 --- 손으로 솜뭉치를 들고 손가락으로 가락을 잡으며 그는 곤고한 자에게 손을 펴며 궁핍한 자를 위하여 손을 내밀며 --- 그의 자식들은 일어나 감사하며 그의 남편은 칭찬하기를 --- (잠 31:10-31)

A wife of noble character who can find? She is worth far more than rubies. --- She selects wool and flax and works with eager hands. She gets up while it is still dark; she provides food for her family and portions for her servant girls.--- She considers a field and buys it; out of her earnings she plants a vineyard. --- In her hand she holds the distaff and grasps the spindle with her fingers. She opens her arms to the poor and extends her hands to the needy. Her children arise and call her blessed; her husband also, and he praises her:--- (Proverbs 31:10-31)

시건(侍巾) : 시건즐(侍巾櫛)의 줄임말. 건즐은 수건과 빗이나, 남편을 모신다는 뜻으로 사용한다.
유방(帷房) : 휘장이 처진 방. 부인의 침실
어(御) : 섬기다, 받들다(奉)

紈	扇	圓	潔	銀	燭	煒	煌
纨	扇	圆	洁	银	烛	炜	煌
환	선	원	결	은	촉	위	황
white silk	fan	round	clean	silver	candle	bright	shine
흰 비단 맺다	부채 햇빛 가리개	둥글다 동그라미	깨끗하다 바르다	은 화폐	촛불 등불	붉은 빛 빛나다	빛나다 사물의 모양

희고 둥근 비단 부채가 깨끗한데 촛대에 촛불이 휘황하게 빛난다.

The white, round silk fan is clean ;
the candle glows brightly on the candlestick.

글 읽는 선비의 깨끗하고 간결한 방 안 모습을 그렸다. 글 읽는 계층의 사람들을 사(士)라고 한다. 이들은 유교 경전을 공부하고 글공부를 마치면 과거에 응시하여 관리가 되었다. 관리가 되면 '양반(兩班)' 반열에 드는 것이다.

사(士) 계층의 모두가 관리가 되는 것은 아니었다. 관리가 되려면 과거에 합격하여야 한다. 관직의 수는 한정되어 있고 관직에 오르려는 사람은 많아서, 평생 과거 준비만 하다가 인생을 허비한 사람도 많이 있었다.

조선 말기에는 이 때문에 관직을 사고파는 매관매직(賣官賣職)의 병폐가 나타났다. 돈으로 관직을 얻은 사람은 관직을 얻기 위하여 들인 비용 이상의 돈을 재임 중에 거두려하였으며, 결국 매관매직의 피해는 고스란히 백성에게 돌아갔다. 정약용이 〈목민심서(牧民

心書)》를 쓴 배경에는 이러한 현실이 있었다.

탐관오리들의 농민 수탈에 대한 농민의 저항으로 임술민란(1862)과 동학 농민운동 (1894)이 유명하다. 특히 전라도 고부의 군수 조병갑의 탐학으로 발생한 고부민란은 정부의 무능한 대처로 전국적인 농민 봉기를 야기하여 동학농민운동(1894)으로 사건이 확대되었고, 나아가 외세를 끌어들여 청·일 전쟁이라는 국제전쟁을 불려 일으키는 원인이 되었다. 청일전쟁이 끝나고 15년 만에 조선은 일본에게 강제 병합되어 망하였다.(1910) '생선은 머리부터 썩는다.'는 속담이 있듯이, 이처럼 정치가와 관리가 국민에게 정직하지 않을 때 나라는 망한다. (부록 참조)

성경에서 남자는 땀 흘려 일하여야 한다고 가르친다. 땀은 정직한 것이다.

땅이 네게 가시덤불과 엉겅퀴를 낼 것이라 네가 먹을 것은 밭의 채소인즉 네가 흙으로 돌아갈 때까지 얼굴에 땀을 흘려야 먹을 것을 먹으리니 네가 그것에서 취함을 입었음이라 너는 흙이니 흙으로 돌아갈 것이니라 하시니라. (창 3:18-19)

It will produce thorns and thistles for you, and you will eat the plants of the field. By the sweat of your brow you will eat your food until you return to the ground, since from it you were taken; for dust you are and to dust you will return. (Genesis 3:18-19)

환선(紈扇) : 고운 비단으로 만든 부채.
은촉(銀燭) : 밀랍으로 만든 초. 초의 색깔이 은색이어서 은촉(銀燭)이라고 하였다.

晝	眠	夕	寐	藍	筍	象	床
昼	眠	夕	寐	蓝	笋	象	床
주	면	석	매	남(람)	순	상	상
daytime	sleep	evening	sleep	indigo	bamboo	elephant	couch
낮	잠자다 시들다	저녁 밤	잠자다	쪽 남색	죽순	코끼리	평상 침상

대나무 자리와 상아 장식 침상에서 낮에는 졸고 저녁 때 잠자리에 든다.

Having a nap during the day at the bamboo carpet ;
sleeping in the evening at the ivory decorating bed.

사람들은 누구나 여유로운 생활을 소망한다. 그러나 이와 같은 여유로운 삶은 권문세족과 고관대작에 해당하는 일부 소수의 사람들에게만 가능하였다. 이 문장은 학생들에게 미래에 대한 꿈을 고취하기 위한 의도를 담은 문장으로 보인다.

〈논어·공야장(論語·公冶長)〉에서 공자는 낮잠 자는 그의 제자 재여(宰予)를 썩은 나무와 거름흙으로 비유하여 꾸짖었다.

성경은 잠자기를 즐기면 가난해진다고 한다.

게으른 자여 네가 어느 때까지 누워 있겠느냐 네가 어느 때에 잠이 깨어 일어나겠느냐 좀 더 자자, 좀 더 졸자, 손을 모으고 좀 더 누워 있자 하면 네 빈궁이 강도 같이 오며 네 곤핍이 군사같이 이르리라. (잠 6:9-11)

How long will you lie there, you sluggard? When will you get up from your sleep? A little sleep, a little slumber, a little folding of the hands to rest and poverty will come on you like a bandit and scarcity like an armed man.

(Proverbs 6:9)

너는 잠자기를 좋아하지 말라 네가 빈궁하게 될까 두려우니라. 네 눈을 뜨라 그리하면 양식이 족하리라. (잠 20:13)

Do not love sleep or you will grow poor; stay awake and you will have food to spare. (Proverbs 20:13)

남순(藍筍) : 대나무. 여기서는 대나무자리를 말한다.
중국 천자문에서는 순(筍)을 순(笋)으로 표기하였는데 이는 같은 글자이다.

絃	歌	酒	讌	接	杯	擧	觴
弦	歌	酒	宴	接	杯	举	觞
현	가	주	연	접	배	거	상
string	song	wine	party	touch	cup	lift	goblet
악기 줄	노래 노래하다	술	잔치	사귀다 교제하다	잔 그릇	들다 오르다	잔 술잔을 돌 리다

거문고를 타고 노래하며 잔치를 벌이니 술잔을 들고 서로 주고 나누며 교제를 한다.

Play string instruments, sing and feast ;
lift a glass and clink glasses to each other.

이웃 친구들과 잔치를 벌이고 교제하는 모습을 그렸다. 그러나 술 마실 때는 실수하지 않도록 조심하여야 한다. 유대인 속담에 '악마가 바빠서 사람을 찾아다닐 수 없을 때 술을 대신 보낸다.' 말이 있다.

탈무드에서는 사람이 술 마시며 취하는 모습을 4단계로 나누었다.

1단계는 순한 양이 되어 마신다.

2단계는 기분이 좋아지고 말이 많아지는 원숭이가 된다.

3단계는 사나워져서 옆 사람과 싸우는 사자가 된다.

4단계는 지저분하고 더러워져서 돼지가 된다고 한다.

성경은 먹고 마시는 것이 하나님의 선물이나 술 취하지 말라고 한다.

사람들이 사는 동안에 기뻐하며 선을 행하는 것보다 더 나은 것이 없는 줄을 내가 알았고 사람마다 먹고 마시는 것과 수고함으로 낙을 누리는 그것이 하나님의 선물인 줄도 또한 알았도다. (전 3:12-13)

I know that there is nothing better for men than to be happy and do good while they live. That everyone may eat and drink, and find satisfaction in all his toil. this is the gift of God. (Ecclesiastes 3:12-13)

르무엘아 포도주를 마시는 것이 왕들에게 마땅하지 아니하고 왕들에게 마땅하지 아니하며 독주를 찾는 것이 주권자들에게 마땅하지 않도다 술을 마시다가 법을 잊어버리고 모든 곤고한 자들의 송사를 굽게 할까 두려우니라. (잠 31:4-5)

"It is not for kings, O Lemuel--not for kings to drink wine, not for rulers to crave beer, lest they drink and forget what the law decrees, and deprive all the oppressed of their rights. (Proverbs 31:4-5)

현가(絃歌) : 거문고를 타면서 부르는 노래
주연(酒讌) : 친구를 청해 술 마시는 것. 잔치하다
주연(酒筵) : 술자리. 중국 천자문은 주연(酒讌)으로 표기한 것도 있고 주연(酒宴)으로 표기 한 것도 있다.
배(杯) : 중국 간자 천자문에는 배(杯)를 배(盃)로 쓴 것도 있다.

矯	手	頓	足	悦	豫	且	康
矫	手	顿	足	悦	豫	且	康
교	수	돈	족	열	예	차	강
reform	hand	beat bow	foot	glad	beforehand	and	healthy
바로 잡다	손	조아리다 두드리다	발 뿌리	기쁘다	미리 참여하다	또 장차 잠깐	편안 하다

손을 들고 발을 구르며 춤을 추니, 즐겁고 편안함이 넘친다.

Lift your hands and stomp your feet ;
happiness and delight with peace are all around.

연회에서 춤추며 즐거워하는 모습을 그렸다. 연회를 즐기되, 술 취하여 실수하는 일은 없어야 한다.

성경은 잔치의 목적이 즐거움에 있으나, 술을 즐기고 고기를 탐하는 것은 피하라고 한다.

잔치는 희락을 위하여 베푸는 것이요 포도주는 생명을 기쁘게 하는 것이나 돈은 범사에 이용되느니라. (전 10:19)

A feast is made for laughter, and wine makes life merry, but money is the answer for everything. (Ecclesiastes 10:19)

술을 즐겨 하는 자들과 고기를 탐하는 자들과도 더불어 사귀지 말라 술 취하고 음식을 탐하는 자는 가난하여질 것이요 잠자기를 즐겨 하는 자는 해어진 옷을 입을 것임이니라. (잠 23:20,21)

Do not join those who drink too much wine or gorge themselves on meat, for drunkards and gluttons become poor, and drowsiness clothes them in rags. (Proverbs 23:20,21)

너희는 스스로 조심하라 그렇지 않으면 방탕함과 술취함과 생활의 염려로 마음이 둔하여지고 뜻밖에 그 날이 덫과 같이 너희에게 임하리라. (눅 21:34)

"Be careful, or your hearts will be weighed down with dissipation, drunkenness and the anxieties of life, and that day will close on you unexpectedly like a trap. (Luke 21:34)

열(悅), 예(豫): 기쁘다(樂)는 뜻.
강(康) : 안락한 것.

嫡	後	嗣	續	祭	祀	蒸	嘗
嫡	后	嗣	续	祭	祀	蒸	尝
적	후	사	속	제	사	증	상
main	after	succeed	continue	sacrifice service	a sacrificial rite	steam	taste
맏아들 본처	뒤 늦다	잇다 상속자 후임	잇다 이어지다	제사 사귀다	제사 제사지 내다	찌다	맛보다 일찍이

적자로 후대 자손을 잇고 가을과 겨울에 제사를 지낸다.

The son of a legal wife succeeds the family ;
hold a religious service(offering) in autumn and winter.

가문의 혈통을 잇고 조상을 잘 섬기라는 글이다. 농경 사회에서는 가을에 추수하고 하늘에 감사제를 지냈다. 후에 제사는 계절마다 지내게 되었으며, 계절에 따라 제사 명칭이 달랐다. 이 문장을 통하여 가부장적 농경사회의 풍속을 알 수 있다.

우리나라 고대에도 하늘에 제사 지내는 풍습이 있었으며, 조상을 섬기는 풍속은 〈주자가례(朱子家禮)〉가 전파되면서 서민에게까지 보편화되었다. (부록 참조)

조선시대는 성리학의 영향으로 가묘(家廟)가 있는 집안에서는 주희의 〈가례(家禮)〉에 따른 제사를 지내었다. '뿌리 없는 나무 없는 것처럼 조상 없이 자손 없다.'는 의식으로 조상을 섬기다 보니, '가난한 집에 제사 돌아오듯 한다.'는 속담처럼 제사가 가정 경제에 큰 부담이 되는 경우도 있었다.

성경은 첫 아들을 장자(長子)라 정하고 가정의 질서를 세웠다.

어떤 사람이 두 아내를 두었는데 하나는 사랑을 받고 하나는 미움을 받다가 그 사랑을 받는 자와 미움을 받는 자가 둘 다 아들을 낳았다 하자 그 미움을 받는 자의 아들이 장자이면 --- 반드시 그 미움을 받는 자의 아들을 장자로 인정하여 자기의 소유에서 그에게는 두 몫을 줄 것이니 그는 자기의 기력의 시작이라 장자의 권리가 그에게 있음이니라. (신 21:15-17)

If a man has two wives, and he loves one but not the other, and both bear him sons but the firstborn is the son of the wife he does not love, ---He must acknowledge the son of his unloved wife as the firstborn by giving him a double share of all he has. That son is the first sign of his father's strength. The right of the firstborn belongs to him. (Deuteronomy 21:15-17)

적자(嫡子): 정실(正室) 부인에게서 난 자식. 적자(嫡子)는 집안의 후계자로서
　　대를 잇는 것에 대한 의무와 책임이 있다.
계절에 따른 제사는 그 부르는 명칭이 계절 마다 다르다.
사(祠): 봄 제사
약(禴): 여름 제사
상(甞): 가을에 드리는 제사
증(蒸): 겨울에 드리는 제사

稽	顙	再	拜	悚	懼	恐	惶
稽	顙	再	拜	悚	惧	恐	惶
계	상	재	배	송	구	공	황
consider	forehead	again	bow	terrified	awe	fear	fearful
조아 리다	이마 꼭대기	둘 재차	절 감사하다	두려워 하다 당황하다	두려워 하다 두려움	두려워 하다 협박하다	황공해 하다 당황하다

제사를 지내는데 이마를 조아리고 두 번 절하는데,
두려워하는 마음으로 공경을 표한다.

In a memorial service(or religious service), kneel and bow twice ;
express respects with dread and reverence.

제사 지내는데 필요한 예법과 마음가짐을 말하였다. 유교는 조상을 섬기는 제사를 중히
여긴다. 형식은 마음을 담는 틀이다. 동양이나 서양이나 제사에서는 제사 지내는 사람의
마음을 더 중요하게 여긴다. 송(悚)·구(懼)·공(恐)·황(惶)은 모두 '두려워하다.'는 뜻을 가
진 글자들로서, 제사 지내는 마음을 표현한 것이다.

성경은 공의를 행하는 것과 순종이 제사보다 낫다고 한다.

공의와 정의를 행하는 것은 제사 드리는 것보다 여호와께서 기쁘게 여기시느니라.
(잠 21:3)

To do what is right and just is more acceptable to the LORD than sacrifice.

(Proverbs 21:3)

사무엘이 이르되 여호와께서 번제와 다른 제사를 그의 목소리를 청종하는 것을 좋아하심 같이 좋아하시겠나이까. 순종이 제사보다 낫고 듣는 것이 숫양의 기름보다 나으니.
(삼상 15:22)

But Samuel replied: "Does the LORD delight in burnt offerings and sacrifices as much as in obeying the voice of the LORD? To obey is better than sacrifice, and to heed is better than the fat of rams. (1 Samuel 15:22)

악인의 제사는 여호와께서 미워하셔도 정직한 자의 기도는 그가 기뻐하시느니라.
(잠 15:8)

The LORD detests the sacrifice of the wicked, but the prayer of the upright pleases him. (Proverbs 15:8)

계상(稽顙) : 무릎을 꿇고 이마를 땅에 대었다가 고개를 드는 것.
구(懼)를 구(俱)자로 쓴 간자 천자문이 있다.
구(俱) : 함께. 갖추다.

牋	牒	簡	要	顧	答	審	詳
笺	牒	简	要	顾	答	审	详
전	첩	간	요	고	답	심	상
letter	letter	letter	require	consider	answer	notice	detail
편지 문서	서판 기록	대쪽 편지	구하다 요구하다	돌아보다 반성하다	대답하다 맞다	살피다 자세하다	자세하다 자세히 알다

편지는 간결하게 쓰는 것이 중요하다. 편지의 대답은 자세하게 살펴 상세히 쓴다.

It is important to write a concise letter ;
Replies should be detailed and considerate.

편지를 주고받음에도 상대방을 배려하라는 글이다. 편지 보내는 사람은 받는 사람의 입장을 헤아리고, 답장하는 사람은 보낸 사람의 입장을 헤아리라는 것이다. 간결하게 묻고 상세하게 답하는 것은 상대방을 배려하는 것이다. 이렇게 입장 바꿔 생각하는 것을 역지사지(易地思之)라고 한다. 이러한 배려는 인터넷과 SNS 활동이 활발한 이 시대에 더욱 필요한 자세이다.

228

성경은 모든 사람에게 배려하는 마음을 가지고 대하라고 한다.

네게 구하는 자에게 주며 네게 꾸고자 하는 자에게 거절하지 말라. (마 5:42)

Give to the one who asks you, and do not turn away from the one who wants to borrow from you. (Matthew 5:42)

그러므로 무엇이든지 남에게 대접을 받고자 하는 대로 너희도 남을 대접하라 이것이 율법이요 선지자니라. (마 7:12)

So in everything, do to others what you would have them do to you, for this sums up the Law and the Prophets. (Matthew 7:12)

무슨 일을 하든지 마음을 다하여 주께 하듯 하고 사람에게 하듯 하지 말라. (골 3:23)

Whatever you do, work at it with all your heart, as working for the Lord, not for men. (Colossians 3:23)

전(牋) : 윗사람에게 보내는 글
첩(牒) : 평등한 상대에게 보내는 글
전첩(牋牒) : 다른 사람과 사이에 주고받는 편지이다. 서찰(書札)이라고도 한다.
중국 천자문에는 전(箋)으로 표기한 것도 있고 전(牋)으로 표기한 것도 있다.

骸	垢	想	浴	埶	熱	願	凉
骸	垢	想	浴	执	热	愿	凉
해	구	상	욕	집	열	원	량
bone	dirt	think	bathe	catch	hot	desire	cool
뼈	때 더러워 지다	생각하다 생각	목욕 하다	잡다 지키다	덥다 따뜻하다 뜨겁다	원하다 바라다	서늘하다 맑다

몸이 더러우면 목욕하여 씻기 원하고 더우면 서늘하기를 바란다.

When bodies gets dirty, it'll want to make a bath and wash,
when it becomes hot, it'll want to be cool.

보건위생에 관한 글이다. 일상생활에서 청결한 위생관리와 건강관리는 기본이다. 추우면 따뜻하기를 원하고, 더우면 시원한 곳을 찾는 사람의 마음은 누구나 같다.

〈예기·내칙(禮記·內則)〉에 '부모의 침이나 콧물 같은 더러운 것은 남에게 보이지 않고, 닷새마다 물을 데워서 목욕시키고, 사흘마다 몸을 닦아 드린다. 그 중간에라도 얼굴에 때가 묻었으면 물을 데워 닦기를 청하고, 발이 더러우면 역시 물을 데워다 드리고 닦기를 청한다.'고 하였다.

성경은 몸뿐 아니라 마음도 깨끗하여야 한다고 한다.

사람이 부정하고도 자신을 정결하게 하지 아니하면 여호와의 성소를 더럽힘이니 그러므로 회중 가운데에서 끊어질 것 이니라. 그는 정결하게 하는 물로 뿌림을 받지 아니하였은즉 부정하니라. (민 19:20)

But if a person who is unclean does not purify himself, he must be cut off from the community, because he has defiled the sanctuary of the LORD. The water of cleansing has not been sprinkled on him, and he is unclean. (Numbers 19:20)

진(秦)나라에서 분서갱유가 있었다면 로마제국에서 황제숭배 거부, 병역 거부, 비밀집회에 대한 의혹 등으로 300여 년간 극심한 기독교 박해가 있었다. 최초의 박해는 네로(Nero) 황제가 로마시 화재사건의 책임을 기독교도들에게 전가시켜 처형한 사건이다. 이후 각종 사회불안의 원인(가뭄, 질병의 유행, 기근 등)을 기독교도의 탓으로 돌려 많은 기독교인들을 희생시켰다. 최대의 박해는 디오클레티아누스(Diocletianus) 황제 때였으며, 이후 기독교인들은 '지하교회(Catacomb)'로 들어갔다. (부록 참조)

해(骸) : 여기서는 신체, 몸
구(垢) : 때, 오물
량(凉)과 량(涼) 모두 서늘하다는 뜻의 글자이다. 석봉 천자문은 량(凉)자로 표기하였다.

驢	騾	犢	特	駭	躍	超	驤
驴	骡	犊	特	骇	跃	超	骧
려(여)	라	독	특	해	약	초	양
donkey	mule	calf	special	astonished	leap	leap over	run
나귀 당나귀	노새	송아지	수컷 특별	놀라다 소란	뛰다 뛰어오 르다	넘다	달리다

나귀와 노새와 송아지와 수소들이 놀라 뛰며 어지러이 달린다.

Donkey, mule, calf and bulls are leaping, running, jumping in joy.

나라가 편안하고 국민들의 생활이 풍요롭다는 비유의 문장이다. 나귀와 송아지가 뛰어 다닐 때에는 그 주변에서 발굽에 채이지 않도록 조심하여야 한다. 그러므로 안전에 조심하라는 뜻도 숨어있다.

〈예기·곡례(禮器·曲禮)〉에 '백성들의 부를 물으면 가축의 마리 수로 대답한다. (問庶人之富 數畜以對)'라고 하였다. 가축의 수가 증가함은 농민경제가 향상되었음을 뜻하며 이는 바른 정치가 행하여진다는 의미이다.

현대 언어로 바꾸어 표현하면, '정치와 경제가 안정되어 산업이 발달하고, 밤이 되면 빌딩에 불빛이 환하고 도로에 차량이 넘쳐 차 경적 소리 요란하다.'라고 표현할 수 있으며, 자동차 사고에 조심하라는 뜻이 숨어있다고 하겠다.

성경은 공의가 실천된 태평성대를 아래와 같이 표현하였다.

그 때에 이리가 어린 양과 함께 살며 표범이 어린 염소와 함께 누우며 송아지와 어린 사자와 살진 짐승이 함께 있어 어린 아이에게 끌리며 암소와 곰이 함께 먹으며 그것들의 새끼가 함께 엎드리며 사자가 소처럼 풀을 먹을 것이며 젖 먹는 아이가 독사의 구멍에서 장난하며 젖 뗀 어린 아이가 독사의 굴에 손을 넣을 것이라. (사 11:6-8)

The wolf will live with the lamb, the leopard will lie down with the goat, the calf and the lion and the yearling together; and a little child will lead them. The cow will feed with the bear, their young will lie down together, and the lion will eat straw like the ox. The infant will play near the hole of the cobra, and the young child put his hand into the viper's nest. (Isaiah 11:6-8)

독(犢) : 작은 소
특(特) : 큰 소
해약(駭躍) : 뛰어나와 놀라는 모습
초양(超驤) : 분주히 뛰어오르며 발 구르는 모습.

誅	斬	賊	盜	捕	獲	叛	亡
诛	斩	贼	盗	捕	获	叛	亡
주	참	적	도	포	획	반	망
kill	cut	thief	thief	catch	catch	betray	run away
베다 죄인을 죽이다	베다 매우	도둑 해치다	훔치다 도둑질	잡다	얻다 빼앗다	배반하다 배반	망하다 달아나다

역적과 도둑은 베어 죽이고 배반하고 도망하는 자는 잡아들인다.

Kill thieves and bandits to death with a sword ; arrest traitor and deserter.

국가의 사회질서 유지를 위한 제도와 법의 필요성을 말하였다. 〈천자문〉에는 소하의 약법 3장과 한비자의 법이 비교 소개 되었다. 소하의 법은 쉽고 간단하여, 백성들을 배려하여 만든 법이다. 한비자의 법은 엄격하였으며, 국가가 통일과 통치를 목적으로 만든 법이다. 한편 B.C.450년 경에 만들어진 로마 최초의 성문법인 12표법은 시민들 요구로 만들어졌다. 중국 한비자의 법은 위에서 만든 법이고 로마법은 아래의 요구로 만들어진 법이다. 법은 백성의 보호를 목적으로 만들어져야 한다.

성경은 범죄한 자를 신실하지 못한 자라고 한다.

누구든지 여호와께 신실하지 못하여 범죄하되, 곧 이웃이 맡긴 물건이나 전당물을 속이거나 도둑질하거나 착취하고도 사실을 부인하거나 남의 잃은 물건을 줍고도 사실을 부인하여 거짓 맹세하는 등 사람이 이 모든 일 중의 하나라도 행하여 범죄하면 이는 죄를 범하였고 죄가 있는 자니 그 훔친 것이나 착취한 것이나 맡은 것이나 잃은 물건을 주운 것이나 그 거짓 맹세한 모든 물건을 돌려보내되 곧 그 본래 물건에 오분의 일을 더하여 돌려보낼 것이니 그 죄가 드러나는 날에 그 임자에게 줄 것이요. (레 6:2-4)

"If anyone sins and is unfaithful to the LORD by deceiving his neighbor about something entrusted to him or left in his care or stolen, or if he cheats him, or if he finds lost property and lies about it, or if he swears falsely, or if he commits any such sin that people may do. when he thus sins and becomes guilty, he must return what he has stolen or taken by extortion, or what was entrusted to him, or the lost property he found. (Leviticus 6:2-4)

주(誅) : 살육하다
적(賊) : 남을 해치고도 거리낌이 없는 사람
도(盜) : 남의 물건을 훔치는 것.
망(亡) : 도망가서 숨은 것.
간자 천자문은 도(盜)자로 표기하였다.

布	射	遼	丸	嵇	琴	阮	嘯
布	射	辽	丸	嵇	琴	阮	啸
포	사	료(요)	환	혜	금	완	소
cotton	shoot	distant	pill	mountain	harp	a surname	whistle
베 펴다	쏘다 궁술	멀다 늦추다	탄자 알	산 이름	거문고	옛 나라 이름	휘파람 불다

여포는 활을 잘 쏘았고 웅의료는 탄자를 잘 던졌다.
혜강은 거문고를 잘 탔으며 완적은 휘파람을 잘 불었다.

Luu Bu was excellent at bowings and Yi Liao threw iron ball well.
Jikang was a good zitherist and Ruan Ji whistled well.

　탁월한 기량을 가진 기능인(전문가)들을 소개하였다. 포(布), 료(遼), 혜(嵇), 완(阮)은 사람이름이다.

　여포(呂布)는 소설 삼국지에서 뛰어난 무인으로 표현된 장수이다. 활을 잘 쏘았고, 적토마의 주인이었다는 것과 연인 초선과의 일화도 매우 유명하다. 웅의료(熊宜僚)는 춘추시대 초나라 사람이다. 탄자(쇠구슬)로 기교를 잘 부렸다고 한다. 이 기교는 오늘날 서커스 공연에서 볼 수 있는 저글링 묘기와 같은 것으로 상상한다. 혜강(嵇康)은 거문고 연주에 뛰어났으며, 완적(阮籍)은 휘파람을 잘 불었다. 혜강과 완적은 죽림칠현(竹林七賢)의 일원이었다. 혜강과 완적은 남북조 시대 사람이다.

한(漢)나라 멸망 이후 계속된 분열시대를 위·진 남북조 시대(AD220-589)라고 한다. 위·진 남북조(魏·晉 南北朝) 시대는 전국시대와 같은 분열기이다. 이 시기는 정치적으로는 불안정한 시대였지만, 오히려 화북의 중국 문화가 강남으로 이동하고 강남개발이 촉진되어 중국 경제가 강남 중심으로 이동하는 등 중국의 영역이 확대되는 중국의 팽창 시기이었다.

이 시대는 지속되는 사회불안과 기능을 상실한 훈고학(訓詁學)에 실망한 지식인들 사이에 현실도피적이고 개인적 행복을 추구하는 청담(淸談)사상이 유행하였다. 여기에 대표적인 인물들이 죽림칠현(竹林七賢)이다. 죽림칠현은 완적(阮籍)·혜강(嵇康)·산도(山濤)·향수(向秀)·유영(劉伶)·완함(阮咸)·왕융(王戎)으로 이들은 개인주의적·무정부주의적인 노장사상(老莊思想)에 심취하여 권력과 결탁한 위선적 사회풍조를 비판하였다.

이 시기는 우리나라의 삼국시대에 해당하여 우리나라에 불교가 전해지는 등 고구려, 백제, 신라와 활발한 교류가 이루어 졌다. 372년 고구려 소수림왕 2년에 전진(前秦)으로부터 승려 순도(順道)가 불교를 우리나라에 최초로 전하였고, 384년 백제 침류왕 원년에 동진(東晉)의 승려 마라난타가 불교를 전해주었다. 이후 고구려, 백제의 승려들이 일본에 불교를 전하여 주었다. 고구려의 담징은 유교 5경과 종이·먹의 제조법을 알려 주었고, 백제의 아직기와 왕인은 천자문과 논어를 전해주었다고 한다, 이 시기가 중국으로는 위진 남북조시대이다.

료(遼)를 료(僚)로 표기한 천자문도 있다. 석봉 천자문은 료(遼)로 표기하였다.
'료(僚)'는 웅의료(熊宜僚)의 이름에 사용한 글자이다.

恬	筆	倫	紙	鈞	巧	任	釣
恬	笔	伦	纸	钧	巧	任	钓
염(념)	필	륜(윤)	지	균	교	임	조
peaceful	brush	humanity	paper	weightily	talent	charge	fishing
편안 하다	붓 쓰다	인륜 무리	종이	무게단위 고른	공교 하다	맡기다 마음대로	낚시 낚다

몽념은 붓을, 채륜은 종이를 만들었다 ;
마균은 지남거(수레)를, 임공자는 낚시 바늘을 만들었다

Tian invented brush, Lun invented paper ;
Jun invented a compass chariot, Len invented a fishing hook.

발명가(과학자)들을 소개한 문장이다. 념(恬), 륜(倫), 균(鈞), 임(任)은 사람 이름이다. 주흥사는 후학들이 장차 문화 발달에 기여하기를 바라는 마음으로 이들의 업적을 소개하였다.

몽염(蒙恬)은 진시황(秦始皇)의 신하이다. 몽염이 처음으로 붓을 만들었다고 한다. 채륜(蔡倫)은 종이를 만든 사람이다. 채륜의 종이는 중국 4대 발명품 중 하나이다. 마균(馬均)은 삼국시대 위(魏)나라 사람으로 목공 기술자이다. 소설 〈삼국지(삼국지연의)〉에도 나오며, 많은 나무 기계를 발명하여 '천하의 기교'라는 평을 받았다. 임공자(任公子)는 전설상에 나오는 고기를 잘 잡았던 사람이다. 〈장자(莊子) 외물(外物)〉에 그가 고기를 잡을 때 장면을 표현하였다.

중국 4대 발명품은 종이, 나침반, 화약, 목판인쇄술이다. 이것들은 인류 문화 발전에 크게 기여한 것들이다. 중국인들은 화약을 불꽃놀이에 주로 사용하였으며 나침반을 이용하여 원거리 항해를 하고 중국의 국력을 아프리카 동안까지 과시하였다. 그 후 서양인들은 나침반을 이용하여 대항해 시대를 열고 화약을 이용한 무기를 만들어 동양과 아메리카를 식민지로 만들었다는 시각이 있다.

목판 인쇄의 최고 걸작은 우리나라의 팔만대장경이다. 우리나라는 목판인쇄를 넘어 금속활자(金屬活字)를 세계 최초로 만들었다. 고려시대의 문인 이규보가 쓴 〈동국이상국집〉에 1234년 금속 활자로 〈상정고금예문(詳定古今禮文)〉을 간행되었다는 기록이 남아있으나 이 책은 현재 전해지지 않는다.

1972년 프랑스 국립 도서관에서 근무하던 우리나라 박병선 박사가 〈백운화상 초록 불조 직지심체요절〉(直指心體要節)이라는 책을 발굴하여 이 책이 현존하는 가장 오래 된 금속활자로 인쇄한 책(冊)임을 밝혔다. 이 책은 고려시대의 승려 백운화상이 고려 공민왕 21년에 부처님과 큰 스님들의 가르침과 대화, 편지 등에서 중요한 내용을 뽑아 편찬하여 고려 우왕 3년에 충청북도 청주의 흥덕사에서 인쇄하였다. 이책은 직지심경(直指心經)이라고도 부르며, 독일의 구텐베르크 성경'보다 78년 앞선 1377년에 인쇄되었다. 이책은 현재 프랑스 국립박물관에 있다. 우리나라가 이같이 세계 최초의 금속 활자를 만들었으나, 지식의 보급과 대중화에는 크게 기여하지 못하였다는 평가가 있다. 지식(정보)의 독점은 권력을 강화하는 수단이 되기도 한다. 인쇄술의 가치는 지식을 대량 전달하며 보급하여 권력의 독점을 예방하는 기능에 있다. 그런데 우리나라의 금속활자로 발행한 책은 소수 양반계층들을 위한 인쇄물이었기 때문이다.

釋	紛	利	俗	並	皆	佳	妙
释	纷	利	俗	并	皆	佳	妙
석	분	리(이)	속	병	개	가	묘
release	confuse	benefit	custom	parallel	all	beauty	exquisite
풀다 풀리다	어지러워 지다	이롭다 날카롭다	풍속 바라다	아우 르다	다 모두	아름 답다	묘하다 젊다

(앞에 여덟 사람은) 세상의 어지러움을 풀고 풍속을 이롭게 하였다.
모두 아름답고 신묘한 재주이다.

They have solved the struggles and made it beneficial for the people ;
their talents are all beautiful and marvelous.

기능인과 발명가들의 기예와 업적을 칭송하는 글이다. 일기(一技)에 능한 사람이 인류에게 편의를 제공하여, 문명과 문화 발전에 기여하였음을 말하였다.

〈사기·노중련전(史記·魯仲連傳)〉에 "평원군이 천금을 보내서 노중련의 장수 를 축하하자 노중련이 말하기를 '천하의 선비들이 귀하게 여기는 바는, 남을 위해서 근심을 없애주고 어려운 일을 풀어 주며 시끄럽고 어지러운 것을 해결해 주고서도 사례를 받지 않는 것이다'라고 했다"는 내용이 있다. 이는 선비 된 사람이 지향하는 바가 무엇인지 가르쳐 준다.

우리나라에는 이들과 필적할 만한 사람으로 고려시대 최무선, 문익점, 조선 세종 때 이천, 장영실과 같은 사람이 있다. 장영실에 대한 간단한 소개를 부록에 수록하였다. (부록 참조)

성경은 전문가들이 귀한 대접을 받으며 국가에 등용된다고 한다.

네가 자기의 일에 능숙한 사람을 보았느냐 이러한 사람은 왕 앞에 설 것이요 천한 자 앞에 서지 아니하리라. (잠 22:29)

Do you see a man skilled in his work? He will serve before kings; he will not serve before obscure men. (Proverbs 22:29)

우리나라 천자문에는 병(竝)으로 표기한 것과 병(並)으로 표기한 것도 있으나 같은 글자이다.

毛	施	淑	姿	工	嚬	妍	笑
毛	施	淑	姿	工	顰	妍	笑
모	시	숙	자	공	빈	연	소
hair	bestow	clear	figure	artisan	frown	pretty	laugh
털 가볍다	베풀다 행하다	맑다 착하다	맵시 모양	장인	찡그 리다	곱다 갈다	웃다 꽃이피다

모장과 서시는 자태가 아름다워 얼굴 찡그리는 것도 공교롭고 웃음도 고왔다

Mao and Shi were the beauties of the China ;
even their frown faces were beautiful.

왕이 눈의 욕심에 따라 방종하면 나라를 그르친다는 경계의 뜻을 담은 문장이다. 모시(毛施)는 모장과 서시를 말한다. 모장(毛嬙)과 서시(西施)는 모두 월(越)나라 미인이다. 모장은 월나라 왕 구천이 사랑한 여인이고, 서시는 월(越)의 구천이 오왕(吳王) 부차(夫差)에게 바친 여인이다. 오왕 부차는 서시에 빠져 정사를 게을리 하였고, 와신상담(臥薪嘗膽)하며 일어난 월(越) 왕 구천의 공격으로 나라가 망하였다.

당시 여자들은 서시가 배가 아파 찡그리는 것까지 아름답게 보여, 이를 따라 했다고 한다. '빈축 산다.'는 말은 다른 사람의 눈살을 찌푸리게 하는 언행을 뜻하는데 이 말이 여기서 나왔다. 경국지색(傾國之色)이라는 말이 있다. 나라가 기울어져도 모를 정도로 미모가 뛰어난 여인을 칭하는 말이다. 서시, 말희, 포사, 달기, 양귀비 같은 여인들을 말한다.

성경은 여자와 술을 조심하라고 가르친다.

네 마음이 음녀의 길로 치우치지 말며 그 길에 미혹되지 말지어다. (잠 7:25)

Do not let your heart turn to her ways or stray into her paths. (Proverbs 7:25)

네 힘을 여자들에게 쓰지 말며 왕들을 멸망시키는 일을 행하지 말지어다. 르무엘아 포도주를 마시는 것이 왕들에게 마땅하지 아니하고 왕들에게 마땅하지 아니하며 독주를 찾는 것이 주권자들에게 마땅하지 않도다. (잠 31:3,4)

do not spend your strength on women, your vigor on those who ruin kings. "It is not for kings, O Lemuel--not for kings to drink wine, not for rulers to crave beer. (Proverbs 31:3,4)

중국은 鬢(빈)으로 표기하고 우리나라는 嚬(빈) 혹은 頻(빈)으로 표기하였다.

年	矢	每	催	羲	暉	朗	曜
年	矢	每	催	曦	晖	郎	曜
연(년)	시	매	최	희	휘	낭(랑)	요
year	arrow	each	urge	breath	light	bright	dazzle
해 나이	화살 벌여놓다	매양 늘	재촉하다 막다	숨 복희 햇빛	빛 광채 빛나다	밝다	빛나다 빛을 발하다

세월은 화살같이 매양 재촉하고 태양은 밝고 휘황하게 빛나네

Time flies like an arrow ; the sun shines bright and shiny.

태양은 항상 변함없이 빛나지만 세월은 빠르게 지나간다는 뜻이다. '가는 세월에 오는 백발이다.' 라는 속담이 있다. 세월이가면 사람은 늙는다는 인생의 덧없음을 말하였다.

성경에는 '이미 있던 것이 후에 다시 있겠고 이미 한 일을 후에 다시 할지라. 해 아래에는 새 것이 없나니, 무엇을 가리켜 이르기를 보라 이것이 새 것이라 할 것이 있으랴. 우리가 있기 오래 전 세대들에도 이미 있었느니라.'라고 말하였다.

중국에서는 진(秦)에서 분서갱유라는 사건으로 유학자들이 탄압 받았으며 로마에서는 기독교인들이 네로 황제 이후 박해를 받았다. 또 분서갱유로 인하여 사라질 뻔 한 유가의 가르침이 한 무제에 의하여 관학으로 채택된 것처럼 기독교도 마침내 공인되었다. 이처럼

모든 것은 다 지나간다. 기독교 박해와 공인에 관한 간략한 내용이 부록에 있다.
(부록 참조)

성경은 세월의 빠름을 날아간다고 한다.

우리의 모든 날이 주의 분노 중에 지나가며 우리의 평생이 순식간에 다하였나이다. 우리의 연수가 칠십이요 강건하면 팔십이라도 그 연수의 자랑은 수고와 슬픔뿐이요 신속히 가니 우리가 날아가나이다. (시 90:9-10)

All our days pass away under your wrath; we finish our years with a moan. The length of our days is seventy years--or eighty, if we have the strength; yet their span is but trouble and sorrow, for they quickly pass, and we fly away. (Psalms 90:9-10)

희화(羲和) : 요순시대 책력을 주관하는 관직이다.
희휘(羲暉) : 태양이 밝게 빛남을 뜻한다.
희(曦) : 아침 햇살. 간자 천자문은 희(羲) 대신 희(曦)자를 사용하였다.
휘(暉) : 저녁 햇살

璇	璣	懸	斡	晦	魄	環	照
璇	玑	悬	斡	晦	魄	环	照
선	기	현	알	회	백	환	조
bead	bead	hang	revolution	the last day of the moon	soul	ring	flash on
구슬	구슬	매달다 걸다	돌다 빙빙돌다	그믐 어둡다	넋 몸	고리 돌다	비추다 비치다

선기(북두칠성)는 공중에 매달려 돌고 달빛은 어두웠다 밝아지는데
고리처럼 순환한다. (삭망이 교체한다)

The Big Dipper is hanging and turning round the air, the moonlight is darken and brighten over again it circulates like a ring.

밤하늘 모습을 통해 세월의 무심함을 표현하였다.

선기(璇璣)는 선기옥형(璇璣玉衡)을 줄여 말한 것이다. 선기옥형은 북두칠성(北斗七星)을 말한다. 북두칠성의 제1성에서 제4성까지를 그 배열이 국자 그릇 모양을 닮았다고 하여 선기(璇璣), 제5성부터 제7성까지를 자루모양 같다고 하여 옥형(玉衡)이라 한다. 또 혼천의와 같은 천체 관측 기구를 칭하기도 한다. 순임금은 제위에 올라, 제일 먼저 선기옥형을 정비하였다고 한다.

우리나라에는 조선시대 만든 혼천의(渾天儀) 라는 천체 관측기구가 있었다. 천체 관측 기구는 농업사회에서 매우 중요한 가치를 갖는다. 천체 기구를 만든 왕들은 민생을 생각하는 훌륭한 군주들이다. (부록 참조)

246

우리나라는 혼천의뿐 아니라 밤하늘의 모습을 그린 천상열차분야지도(天象列次分野之 圖)를 만들었다. 천상열차분야지도란 '하늘의 모양을 각 구역마다 나눠 그린 후 순서대로 배열한 그림'이라는 뜻이다. 조선 태조 때 권근 등 12명의 천문학자들이 고구려의 천문도 를 참고하여 만들었다.(1394) 이것은 중국의 순우천문도(淳祐天文圖 1247)에 이어 세계 에서 두 번째로 오래된 석각천문도이다. 천문도의 원 안에는 모두 1,467개의 별이 기록되 어 있으며, 북두칠성처럼 중요한 별부터 은하수까지 표시하였다.

성경은 인생을 곧 사라지는 안개로 비유한다.

내일 일을 너희가 알지 못하는도다. 너희 생명이 무엇이냐 너희는 잠깐 보이다가 없어지 는 안개니라. (약 4:14)

Why, you do not even know what will happen tomorrow. What is your life? You are a mist that appears for a little while and then vanishes. (James 4:14)

석봉 천자문은 선(旋))으로, 중국 천자문은 선(璇)으로 표기하였다.
선기(璇璣) : 하늘의 별자리
선(璇) : 아름다운 옥, 구슬. 북두칠성의 둘째 별
회백(晦魄) : 달빛
회(晦) : 그믐달 이후 달의 어두움.
삭(朔) : 초하루
망(望) : 보름

指	薪	修	祐	永	綏	吉	卲
指	薪	修	祐	永	绥	吉	卲
지	신	수	우	영	수	길	소
finger	firewood	training	aid	eternal	peaceful	lucky	lofty
손가락 가리키다	땔감 나무하다	닦다 고치다	돕다 복	길다 오래다	편안 하다	길하다 좋다	높다

복을 지음이 땔감 쌓은 것 같아, 평안함과 길함이 오래가고 평안하다

Good deeds are like piling up fire woods ;
peace and fortunes are long lasting.

신진화전(薪盡火傳)이라는 말이 있다. 이는 불을 전하기 위해 땔감을 소진시킨다는 뜻이나 학문이나 기예를 전수한다는 의미로 사용하였다. 이 문장은 사람은 이 세상에 잠시 머물다 떠나지만, 선행은 남아서 자손에게 복으로 이어진다는 뜻이다. 이 문장과 유사한 뜻으로 '호랑이는 죽어서 가죽을 남기고 사람은 죽어서 이름을 남긴다.'는 속담이 있다.

〈장자·양생주(莊子·養生主)〉에 "땔감이 다하여 타며 불을 이어가니 불이 꺼질 줄 모른다."(指窮於爲薪 火傳也 不知盡也)는 문장이 있다. 이는 장작이 다 타들어 가면, 손으로 장작을 계속 넣어 불이 꺼지지 않도록 불을 지핀다는 뜻이다. 이처럼 장작 많은 집이 불을 계속 지필 수 있는 것같이, 선을 많이 쌓은 집에 좋은 일이 끊이지 않는다는 비유이다.

성경은 바르게 사는 사람이어야 자손이 복 받는다고 한다.

의인의 집에는 많은 보물이 있어도 악인의 소득은 고통이 되느니라. (잠 15:6)

The house of the righteous contains great treasure, but the income of the wicked brings them trouble. (Proverbs 15:6)

내가 어려서부터 늙기까지 의인이 버림을 당하거나 그의 자손이 걸식함을 보지 못하였도다. 그는 종일토록 은혜를 베풀고 꾸어 주니 그의 자손이 복을 받는도다. 악에서 떠나 선을 행하라 그리하면 영원히 살리니. (시 37:25-27)

I was young and now I am old, yet I have never seen the righteous forsaken or their children begging bread. They are always generous and lend freely; their children will be blessed. Turn from evil and do good; then you will dwell in the land forever. (Psalms 37:25-27)

우(祐) : 복(福)의 뜻

矩	步	引	領	俯	仰	廊	廟
矩	步	引	领	俯	仰	廊	庙
구	보	인	령	부	앙	낭(랑)	묘
law	walk	pull	command	look down	adore	corridor	shrine
곱자 법	걸음 걷다	끌다 끌어 당기다	옷깃 요소 다스릴	굽다 구부리다	우러르다 믿다	복도 행랑	위패 사당

단정한 걸음과 바른 몸가짐으로 사당과 조정에서 부끄럽지 않게 행동한다.

With measured steps and upright posture :
always be polite at shrine and royal court.

　관리들은 종묘와 조정에서 항상 바른 몸가짐과 단정한 걸음걸이를 유지하며 근무하여
야 한다는 뜻이다.

　부앙(俯仰)은 〈맹자〉의 '위로 하늘을 우러러 부끄럽지 않고 아래로 사람들에게 부끄럽지
않다.'(仰不愧於天 俯不怍於人)라는 문장에서 받아온 것으로 보인다. 이는 외형적인 몸
가짐뿐 아니라, 양심에도 꺼리는 것이 없어야 한다는 속뜻이 담겨있다.

　우리나라에도 종묘(宗廟)와 사직단(社稷壇)이 있다. 옛날에 새로운 국가의 수립은 사직의 제단과 종묘의 설치로 완성되었다. 조선은 고대 중국 주(周)에서 시작된 우사좌묘(右社左廟)의 원칙에 따라, 경복궁 오른쪽에 사직단을, 왼쪽에는 종묘를 현재의 자리에 세웠다.

　조선의 종묘(宗廟)는 조선 왕조의 역대 국왕들과 왕후들의 신주를 모시고 제사하는 유교 사당이다. 종묘는 경복궁 왼쪽, 창덕궁과 창경궁 아래에 있다. 조선시대에는 종묘와 창덕궁이 연결되어 있었으나 일제강점기에 창덕궁 앞을 지나며 동서로 가로지르는 도로를 만들어. 종묘와의 연결을 의도적으로 끊어버렸다. 종묘 안에는 특이하게도, 고려 말 공민왕의 초상화를 모신 신당이 있다. 조선 왕들의 신위를 모신 종묘에 공민왕의 신당이 있는 이유가 기록에는 전해지지 않는다.

　사(社)는 토지의 신이다. 직(稷)은 곡식의 신이다. 사직단(社稷壇)은 국왕이 토지의 신과 곡식의 신에게 제사 지내는 제단을 말한다. 1924년 일제 강점기에 경성부는 태직(太稷)이라 높여 부르던 사직단 안에 정자·벤치 등을 설치하여 사직단을 사직공원으로 부르게 하였다. 이는 사직단의 격을 공원으로 낮추면서 아울러 우리나라의 독립성도 부정하려는 의도로 보인다.

구보(矩步) : 곡척에 맞는 걸음걸이 곧 단정한 걸음걸이.
인령(引領) : 옷깃을 잘 여민 모양.
부앙(俯仰) : 아래를 굽어보고 위를 우러러 봄.
랑(廊) : 궁전, 종묘의 행랑.

束	帶	矜	莊	徘	徊	瞻	眺
束	帶	矜	庄	徘	徊	瞻	眺
속	대	긍	장	배	회	첨	조
bind	belt	proud	serious	wander	wander	look up	look
묶다 동여매다	띠 차다	불쌍히 여 기다 자랑하다	엄숙하다 씩씩하다	노닐다 배회하다	노닐다 어정거리	보다 쳐다보다	바라보다 살피다

의복을 갖춰 입고 긍지를 가지며, 거리를 걸어갈 때 두루 살피어라.

Always fully dress with belt, and be proud of yourself,
walk slowly and see carefully.

앞장에서 조정과 관청 안에서의 근무 자세와 몸가짐을 말했다면, 이 문장은 관청 밖에서 몸가짐을 말한 것이다. 관리들은 관청 밖에서도 단정한 복장을 갖추어야 하며, 주위 사람들에 대하여 관심을 갖고 살펴보아야 한다는 뜻이다. 즉 백성들의 민생에 관심을 갖고 살펴보라는 의미이다.

관리가 되어 복장을 갖추고 걸어가니, 주변 사람들이 우러러 본다는 뜻으로 풀이하는 사람도 있다. 또 앞을 내다보며 멀리 바라보라는 뜻으로 풀이하는 사람도 있다.

민생을 돌보는 관리들의 올바른 자세를 밝히기 위해 〈목민심서(牧民心書)〉라는 책을 지어 남긴 사람이 있으니 그가 다산 정약용이다.(1818) (부록 참조)

목민(牧民)이란 백성을 다스리는 일이다. 목양(牧羊)은 양을 치는 일이다. 양치는 사람들은 양들이 가장 평안할 때 눕는다고 한다. 양들이 눕는 평안한 때는 첫째 양들이 주변에서 위협과 공포가 사라졌을 때, 둘째 양들 사이에서 갈등이 없을 때, 셋째 양들을 귀찮게 하는 벌레 등이 없을 때, 넷째 양들이 더 먹고 싶지 않을 때라고 한다.

이처럼 고을 수령은 목민관(牧民官)으로서 목자(牧者)가 양을 돌보 듯, 백성들을 편안하게 살 수 있도록 돌보아야 한다. 외부로 부터의 위협과 공포로부터 해방, 내부 갈등의 해결과 해소, 호랑이보다 무섭다는 세금, 백성들의 생업 보장으로 농민들의 마음과 배를 채워 주어야 한다. 한 마디로 말하면 목민관은 누구보다 애민(愛民)정신이 투철하여 백성을 돌보아야 한다는 것이다.

성경은 사람이 선을 행하지 않는 것은 죄라고 한다. 공직자들은 더욱 그렇다.

그러므로 사람이 선을 행할 줄 알고도 행하지 아니하면 죄니라. (약 4:17)

Anyone, then, who knows the good he ought to do and doesn't do it, sins.

(James 4:17)

속대(束帶) : 정해진 복장 즉 관복(冠服).

첨(瞻) : 하늘을 바라보듯 올려 보는 것.

조(眺) : 멀리 바라보는 것.

첨조(瞻眺)는 고개를 들고 멀리 바라보는 것으로 해석하는 사람이 있고 주변 사람들이 고개를 들고 앙망하는 모습으로 해석하는 사람도 있다.

孤	陋	寡	聞	愚	蒙	等	誚
孤	陋	寡	闻	遇	蒙	等	诮
고	루	과	문	우	몽	등	초
lonely	dirty	little	hear	stupid	young	grade	blame
외롭다 홀로	좁다 더럽다	적다 나	듣다 알다	어리 석다	어리석다 어리다	가지런 하다 등급	꾸짖다 책망하다

듣고 배운 것이 적고 고루하면 우매한 사람같이 꾸지람을 듣는다.

If never learned, heared, you are scolded like fool.

사람이 배움이 적고 깨치지 못해, 행실도 부족하면 남에게 비웃음 받는다는 뜻이다.

〈주역·몽괘(周易·蒙卦)〉는 산 밑에 샘이 나는 모양을 상징하며 아직 깨치지 못한 상태를 말한다. 이른 봄 새싹이 움튼 것, 새벽 동트기 직전의 깊은 어둠, 하룻강아지 범 무거운지 모르는 것, 나이가 많아도 깨닫지 못한 것이 몽(蒙)이다. 주흥사가 〈천자문〉을 마무리 지으면서, 학문을 게을리 하지 말라는 당부를 담았다. 어떤 사람들은 이 문장을 〈천자문〉 지음에 대한 저자의 겸양사로 해석한다.

성경은 바르게 배워 선한 일을 행할 능력을 갖춘 사람이 되라고 가르친다.

그러나 너는 배우고 확신한 일에 거하라. 너는 네가 누구에게서 배운 것을 알며, 또 어려서부터 성경을 알았나니 성경은 능히 너로 하여금 그리스도 예수 안에 있는 믿음으로 말미암아 구원에 이르는 지혜가 있게 하느니라. 모든 성경은 하나님의 감동으로 된 것으로 교훈과 책망과 바르게 함과 의로 교육하기에 유익하니, 이는 하나님의 사람으로 온전하게 하며 모든 선한 일을 행할 능력을 갖추게 하려 함이라. (딤후 3:14-17)

But as for you, continue in what you have learned and have become convinced of, because you know those from whom you learned it, and how from infancy you have known the holy Scriptures, which are able to make you wise for salvation through faith in Christ Jesus. All Scripture is God-breathed and is useful for teaching, rebuking, correcting and training in righteousness, so that the man of God may be thoroughly equipped for every good work.

(2 Timothy 3:14-17)

등초(等誚) : 사람에게 꾸지람을 듣거나 비웃음을 사는 것.

謂	語	助	者	焉	哉	乎	也
谓	语	助	者	焉	哉	乎	也
위	어	조	자	언	재	호	야
speak of	words	help	person	how	a particle	particle	final particle
이르다 알리다	말 어구	돕다 도움	놈 사람	어찌 이에	어조사 비롯할	어조사 구나	어조사 또한

말을 도와주는 글자(어조사)가 있으니 어찌, 비로소, 라고, 이니라 이다.

Particles in classic chinese are Yan, Zai,Hu, and Ye.

주흥사는 어조사로 쓰이는 글자들을 소개하며 천자문을 마무리 하였다. 어조사(語助辭)는 특별히 무엇을 지칭하는 글자는 아니나, 문장 중간이나 문장 말미에 적절히 사용하면 의미 전달에 크게 도움이 되는 글자들이다.

〈천자문〉 마지막 문장에서 소개한 어조사들은 파란 하늘 밖에 숨겨진 검은 하늘(우주)까지 들여다보는 눈을 갖도록 학생들에게 도움이 되고픈 따뜻한 주흥사의 마음처럼 보인다.

성경은 모든 사람에게 사랑을 표하며 끝맺음 한다.

그러므로 너희가 더욱 힘써 너희 믿음에 덕을, 덕에 지식을, 지식에 절제를, 절제에 인내를, 인내에 경건을, 경건에 형제 우애를, 형제 우애에 사랑을 더하라. (벧후 1:5-7)

For this very reason, make every effort to add to your faith goodness; and to goodness, knowledge; and to knowledge, self-control; and to self-control, perseverance; and to perseverance, godliness; and to godliness, brotherly kindness; and to brotherly kindness, love. (2Peter 1:5-7)

주 예수의 은혜가 모든 자들에게 있을지어다. 아멘. (계 22:21)

The grace of the Lord Jesus be with God's people. Amen.

(The Revelation 22:21)

중국 간자 천자문은 재(哉)를 자(者)로 표기한 것도 있다.
야(耶)·여(歟)·의(矣)·혜(兮) 등도 어조사로 많이 쓰인다.

1. 천자문에 실린 중국사 시대 순 배열 목록

순서		내용	쪽
1	전설 시대	삼황(三皇)	26
2		오제(五帝), 하(夏)	31
3	하	우(禹)왕	161
4		하(夏)의 멸망	111
5	은	은(殷)	33
6		은 멸망, 주(周) 건국	115
7	주	주(周)	35, 141
8		주공(周公)과 〈주례(周禮)〉	143
9		주 소공(召公)	87
10		서주(西周)의 문화	41
11		서주, 동주(東周), 춘추전국	121
12		서주의 쇠퇴와 동천	123
13	춘추 전국 시대	춘추 오패	145, 150, 152
14		노자, 장자	117
15		공자	45
16		묵자	56
17		맹자	100, 113, 176
18		법가(상앙, 이사, 한비자)	155, 167

순서		내용	쪽
19		제자백가	149
20		종횡가	151
21		전국시대	156, 165
22		전국시대 사회변화	137
23	진	진(秦)시황	135
24		분서갱유	127
25	한	한(漢)의 건국	132, 154
26		한 무제와 유학	125
27		한 무제와 한사군	159
28	분열기	위·진 남북조	237
29	당	당(唐)과 고선지	169, 270
30	오대십국		270
31	송		270
32	남송/금		270
33	원		270
34	명		271
35	청		271
36	현대		271

◉ 18쪽 [화씨지벽(和氏之璧)]

화씨지벽은 거짓과 진실이 섞여서 구분을 못하는 무지하고 혼탁한 세상을 함축하고, 천하의 귀중한 보배라는 뜻으로, 남이 알아보지 못하는 뛰어난 인재를 비유적으로 이르는 말이다. 또 자기주장만 내세우는 고집불통인 사람을 깨우치는 것이 매우 어렵다는 뜻으로도 쓰인다.

춘추시대 초(楚)나라에 변화(卞和)라는 사람이 산에서 큰 옥(玉)의 원석을 얻어, 초 여왕(楚 厲王)에게 바쳤다. 여왕은 옥 기술자에게 이를 감정하게 했다. 옥 기술자는 평범한 돌이라고 하였다. 변화는 왕을 속인 죄로 왼쪽 다리가 잘렸다. 초 무왕(楚 武王)이 즉위하자 다시 원석을 가져다 바쳤다. 무왕 역시 옥 기술자에게 감정을 시켰는데, 또 그냥 돌덩이라고 대답하였다. 이번에는 변화의 오른 다리가 잘렸다.

초 문왕(楚 文王)이 즉위하여, 변화의 소문을 들었다. 문왕이 변화에게 사연을 물으니, '다리 두 개가 잘린 것이 슬픈 것 아니고, 옥석을 돌덩이라고 해서 슬픈 것도 아닙니다. 충직한 사람이 사기꾼으로 몰리는 것이 슬픈 것입니다.'라고 대답하였다.

초 문왕이 옥 가공 기술자를 시켜 옥돌 원석을 가공하도록 하니, 귀한 보옥이 나왔다. 이를 '화씨지벽'이라 이름 하였다. 〈한비자·화씨〉

◉ 21쪽 [와신상담(臥薪嘗膽)]

장작더미 위에서 누워 자고 일어나서 쓴 쓸개를 맛본다는 뜻으로, 실패한 일을 다시 이루고자 굳은 결심을 하고 어려움을 참고 견디는 것을 말한다.

춘추 말기 오(吳)와 월(越)은 원수지간이었다. 오(吳)왕 합려(闔閭)는 춘추오패 급에 속하는 왕이다. BC496년, 합려는 월(越)를 쳤다가 월왕 구천(勾踐)에게 대패하였다. 합려는 태자 부차(夫差)에게 자신의 복수를 당부하는 유언을 남기고 죽었다.

2년후, 월왕 구천이 합려의 아들 부차에게 대패하고 회계산(會稽山)에서 항복하였다.(BC494) 구천은 나라를 신하들에게 맡기고 부차의 말 먹이는 일을 하였으며, 목숨을 부지하고 신임을 얻기 위해 부차의 건강을 살핀다는 이유로 부차의 변까지 맛보는 수모를 감당하였다.

이렇게 부차의 신임을 얻은 구천은 3년이 지나, 고국에 돌아올 수 있었다. 고국에 온 구천은 장작더미 위에서 잠자며 일어날 때 마다 곰쓸개를 핥으며 회계산(會稽山)에서 겪은 치욕을 잊지 않고, 복수를 다짐하였다.(臥薪嘗膽) 구천은 부차에게 서시(西施)라는 여자를 바치며 환심을 얻고 다른 한편으로는 군대를 키우며 복수의 칼을 갈았다.

　BC 482년 부차가 황지(黃池)에서 제후들과 회맹(會盟)하러 간 사이에, 구천이 군대를 일으켜 오나라를 쳤다. 부차는 곧 회맹을 끝내고 돌아왔지만, 월의 침공을 막지 못하고 멸망했다. 월에게 패배한 부차는 예전에 신하의 말을 듣지 않고 구천을 살려둔 것을 후회하며 자살했다.

◉ 31쪽 [공천하(公天下) 사상과 가천하(家天下) 사상]

　천하(天下)는 하늘 아래 온 세상을 말한다. 공천하(公天下)는 세상이 모든 사람의 것이라는 뜻이다. 왕위 선양이 가능한 것은 세상이 특정 누구의 것이 아니라는 생각이 있기 때문이다.

　가천하(家天下)는 세상이 특정 집안의 것이라는 뜻이다. 왕위 세습이 이루어지면 세상을 특정 집안이 독점, 소유한다는 뜻이 된다. 서양의 한 역사학자는 중국 고대 국가의 이 같은 특성을 간파하고 이를 가산국가(家産國家)라고 규정하였다.

　조선시대 선조 때 기축옥사(己丑獄事)(1589)가 일어났다. 이 사건은 정여립이 '천하는 공물(公物)이다.' 라고 말하였다가 반역으로 몰려, 그와 친분이 있던 사람들 1000여 명이 처형당한 사건이다. 이 사건에서 조선 시대의 국가관을 알 수 있다.

◉ 41쪽

　상서(尙書)는 서경(書經)이라고도 부르는데, 이는 고대 정치문헌의 총결산이다. 이 책에는 우(虞), 하(夏), 상(商), 주(周) 시대의 역사적 내용들이 기록되어 있다.

　시경(詩經)은 중국 최초의 시가집(詩歌集)이다. 주(周) 초부터 춘추시대(春秋時代) 중엽까지 모두 305편이 창작되었으며 대부분이 서주(西周)의 시가이다.

　상서와 시경은 춘추 말의 공자(孔子) 때에 이르러 정리되고 역경(易經)·예기(禮記)·춘추(春秋)와 함께 유가(儒家)의 경전이 되었으며 대학의 교과가 되었기 때문에 중국 사상의 기초를 이루었다는 평가를 받는다.

◉ 115쪽 [포락지형(포락(炮烙之刑)]

　기름칠한 구리기둥을 불에 달구어 사람을 매다는 형벌로서 은(殷)나라 주왕(紂王) 때의 잔인한 형벌 방법을 말한다.

　은(殷)의 마지막 임금인 주(紂)왕은 하(夏)의 마지막 왕 걸(桀)과 더불어 중국 역사상 양대 폭군으로 유명하다. 주(紂)는 달기(妲己)라는 여인에게 빠져, 그녀의 환심을 살 수 있는 일이라면 무엇이든지 다 했다. 주는 달기가 원하는 대로 수도 조가(朝歌)에 녹대(鹿臺)라는 거대한 금고를 만들어 무거운 세금으로 그 금고를 채웠으며, 거교(鉅橋)에 곡식창고를 세워 곡식으로 가득 채웠다. 그리고 사구(沙丘)의 이궁(離宮)을 확장하여 그 안에 길짐승과 날짐승을 놓아길렀다. 달기는 이 사구의 이궁을 매우 좋아했다. 이곳에 하(夏)의 걸(桀)처럼 술로 채운 연못과 고기 안주를 매단 나무로 이루어진 주지육림(酒池肉林)을 만들어 방탕한 잔치를 열었다.

⊙ 132쪽, 143쪽, 161쪽 [봉건제(封建制)와 군현제(郡縣制)]
봉건제와 군현제는 중국 역대 왕조체제의 2대 원리로 항상 함수관계를 유지해 왔다.
지방분권적인 봉건론은 유가(儒家)의 정치이상이었으며, 중앙집권적인 군현론은 법가(法家)의 정치사상이었다. 주(周)는 봉건제를 실시한 결과 춘추전국(春秋戰國)이라는 난세를 맞아 멸망하였다. 군현제를 실시한 진(秦)도 엄격한 법 집행으로 불만을 품은 농민반란(진승.오광의 난)이 일어나 망하였다. 이 실패의 경험에서 나온 것이 군국제(郡國制)라는 절충적 제도이었으나, 중국의 역대 왕조는 결국 법가적인 군현제도의 채택으로 매듭을 지었다.
한(漢)의 정치이념은 유교주의이나 지방 통치는 군현제를 채택하였다. 육가(陸賈)의 명언인 "말 위에서 천하를 차지할 수는 있어도, 말 위에서 천하를 다스릴 수는 없다"는 현실 때문이었다. 이후 중국의 역대 왕조는 왕조의 창업과 질서 유지는 법가적인 패도를 채택하는 반면, 질서유지의 이념으로는 유교적 윤리성을 강조하는 왕도(王道)에서 찾았다.

⊙ 144쪽 [관포지교(管鮑之交)]
관중과 포숙은 서로 친구이다. 평소 관중은 늘 포숙에게 신세지고 살았다. 관중(管仲)은 포숙(鮑叔)을 회상하면서 이렇게 말하였다. '내가 가난할 적에 포숙과 함께 장사를 하였는데, 내가 몫을 더 많이 가지고 가도, 포숙은 나를 욕심 많다고 말하지 않았다. 내가 가난한 것을 알았기 때문이다. (중략) 나는 여러 차례 벼슬길에 나갔다가 매번 쫓겨났지만 포숙은 나를 무능하다고 하지 않았다. 내가 때를 만나지 못했다고 생각했기 때문이다. 나는 여러 차례 전쟁에 나가 모두 패해서 달아났지만 포숙은 나를 겁쟁이라고 하지 않았다. 나에게 늙은 어머니가 있다는 것을 알았기 때문이다. 공자 규가 패하였을 때, 동료이던 소홀은 죽고 나는 잡히어 욕된 몸이 되었지만, 포숙은 나를 부끄러움을 모르는 자라고 하지 않았다. 내가 때를 만나지 못한 줄을 알았기 때문이다. 나를 낳은 이는 부모지만 나를 알아준 이는 포숙이다.'

포숙이 관중을 천거한 후, 관중은 제 환공을 도왔다. 제 환공은 관중의 도움으로 패자가 되었다. 사람들은 대업을 이루게 한 관중보다 오히려 포숙의 사람을 알아보는 능력을 더 칭찬하였다. 관포지교는 친구지간의 진정한 우정을 비유하는 사자성어이다.

◉ 145쪽, 153쪽 [춘추오패(春秋五霸)와 전국칠웅(戰國七雄)]

춘추시대의 패자는 주 왕실을 지킨다는 명분과 실력을 갖추어야만 했다. BC 632년 4월, 중원의 진(晉) 문공(文公)은 남방의 초(楚) 성왕과 전쟁을 벌였다. 이를 성복지역(城濮之役)이라 한다. 이 싸움에서 진 문공이 승리함으로써, 진 문공은 제 환공의 뒤를 이어 중원의 패자가 되었다.

초(楚) 장왕(莊王)은 초(楚) 목왕의 장남으로 BC.613년에 즉위했다. 장왕 17년(BC.597) 여름에 필(邲)의 전투에서 당시 최강이었던 진(晉)나라를 크게 물리쳐 중원에 초나라의 위엄을 떨쳤다. 장왕은 BC.613년부터 BC.591년까지 23년 동안 재위에 있으면서 26개 제후국을 병합하고 3천 리의 영토를 넓혔다. 초 장왕은 제 환공, 진(晉) 문공, 진(秦) 목공, 월(越)왕 구천과 더불어 '춘추오패'로 일컬어진다. (춘추오패의 설도 여러 가지가 있다.)

전국시대(戰國時代)는 주 왕실과 제후의 세력이 크게 약화되면서 제후국의 신하들이 제후의 지위를 빼앗는 하극상의 풍조가 만연한 약육강식의 시대이다.(BC403~BC221) 이 시기의 막강한 제후국들을 전국칠웅이라 한다. 전국칠웅은 진(秦)·초(楚)·연(燕)·제(齊)·한(韓)·위(魏)·조(趙)나라이다. 전국시대는 진(秦)이 통일하였다.

◉ 152쪽 [순망치한(脣亡齒寒)]

진 헌공(晉 獻公)이 우(虞)나라에게서 길을 빌려 괵(虢)나라를 치려고 하자(가도멸괵;假道滅虢), 재상 궁지기(宮之奇)가 반대했다. "괵 나라는 우 나라의 보호벽입니다. 괵 나라가 망하면 우 나라도 괵 나라처럼 됩니다. 속담에 '광대뼈와 잇몸은 서로 의지하고, 입술이 없어지면 이가 시리다(脣亡齒寒).'고 했는데, 바로 괵과 우의 관계를 말한 것입니다." 우(虞)왕은 궁지기의 간언을 듣지 않고 진(晉)나라의 요구를 들어주었다. 궁지기는 가족들을 데리고 우 나라를 떠났다.

진 나라는 괵 나라를 멸망시켰다. 진 나라 군대는 돌아가는 길에, 우(虞)나라에 주둔하는 척하다가 우(虞)나라를 공격하여 멸망시켰다. 진 나라 군대는 우왕과 대부 정백(井伯)을 사로잡아 진 헌공의 딸이 시집가는 데 노비로 삼았다고 한다.

순망치한(脣亡齒寒)은 서로 밀접한 관계에서 한쪽이 망하면 같이 망하게 된다는 비유이다.

◉ 132쪽, 154쪽 [토사구팽 (兔死狗烹)]

한신(韓信)은 한고조 유방이 패권을 차지하는 데에 도움을 준 일등공신이다. 유방도 소하(蕭何)의 행정력, 장량(張良)의 계책, 한신(韓信)의 전략을 치하하며 이들의 공을 인정했다. 유방은 황제 즉위 후 공신들을 각지의 제후 왕으로 책봉했다.

한신은 초(楚)나라 왕으로 임명되었다. 얼마 후, 항우(項羽)와 같이 있었던 종리매라는 인물이 한신에게 몸을 기탁하였다. 유방이 이를 듣고 종리매를 잡아오라고 명하였다. 한신이 우물쭈물하는 사이, 유방의 주변에서 한신이 반란의 뜻을 가지고 있는 것 같다고 참소하였다. 이 소식을 들은 종리매가 스스로 자결하였다. 한신이 자기의 결백을 주장하려고 종리매의 목을 가지고 유방에게 갔다. 그러나 초나라 왕으로 책봉 된지 9개월 만에 반란죄로 체포되었다.(B.C.201) 체포된 한신은 '날쌘 토끼를 사로 잡으면 사냥개는 잡아먹히고, 높이 나는 새를 잡으면 활은 곳간에 처박힌다고 하더니 내가 그 꼴이 되었구나.'하고 탄식하였다. 한신의 반란죄는 입증되지 않았으나, 한신은 회음후(淮陰侯)로 강등되었다. 이 후 한신은 병을 핑계로 조정과 거리를 두고 살았다.

어느 날 소하가 한신을 찾아왔다. 소하는 유방이 거록(鋸鹿) 태수 진희의 반란을 평정했으니 입궁하여 축하의 인사를 올리라고 전했다. 한신은 소하의 말을 믿고 입궁하였다가 매복 중이던 무사들에게 살해되었다.(B.C.196)

소하는 〈천자문〉에서 약법3장을 실시한 사람으로 소개되었으며 한신을 유방에게 천거한 사람이기도 하다. 한신 역시 소하에게 배신당한 꼴이 되었으니 사람 일이란 모를 일이다.

토사구팽은 쓸모 있을 때에는 잘 쓰다가, 일이 끝나면 버림받게 됨을 비유하는 말이다. 세상은 공이 있어서 기념비를 세워주지만 위험하다고 판단되면 버리기도 한다.

3. 서양사 관련 자료

◉ 97쪽 드라콘법

그리스에서 전법의 변화로 귀족의 기병 대신 유산시민 중심의 '팔랑크스(Phalanx ; 重裝步兵 密集部隊)'가 국방의 주축을 이루게되자 이들의 참정권 요구가 높아졌다. B.C 7세기 초의 「Dracon法」은 이러한 요구를 수용한 아테네 최초의 성문법이며, 귀족이 독점하던 관습법 지식을 명문화함으로써 관습법 악용을 방지하려 했다.

드라콘법은 가벼운 죄도 사형으로 다스리는 등 그 처벌이 너무나 엄격해서, 후세 사람들이 '드라콘의 법은 잉크가 아니라 피로 쓰여졌다.'라고 평가할 정도였다. 그러나 성문화된 법은 그 존재 자체만으로 발전한 것이다. 법이 성문화되기 이전에는 귀족들만이 법에 대한 지식을 독점하였고 또 판결을 내릴 수 있었기 때문이다.

◉ 133쪽 제 2차 포에니 전쟁(B.C. 218~202)– 카르타고 Vs 로마

카르타고의 한니발(Hannibal)이 칸네전투에서 로마군을 격파했으나 로마의 스키피오(Scipio)가 카르타고 본국을 침입, 자마전투에서 대승하여 아프리카 속주를 얻었다. 이 전쟁 기간은 진시황이 중국을 통일하고 통치한 기간과 겹친다.

◉ 135쪽 폴리스시대와 로마제국, 춘추전국시대와 진·한 제국 비교

그리스의 폴리스(Polis)시대는 서양 사상의 원형이 만들어진 시기이다. 그리스의 도시국가 아테네의 발전과정에서 고대 직접 민주정치가 출현하였다.

소크라테스, 플라톤, 아리스토텔레스 등의 뛰어난 사상가와 학자들이 아테네에서 출현하여 서양 학문과 사상의 원류가 되었다. 반면 중국에서는 노자, 공자, 맹자, 순자 등을 비롯한 제자백가가 등장한 춘추·전국시대를 중국의 사상과 학문의 근원을 이루는 시대라고 평가한다.

진·한 제국이 고대 중국의 첫 영역(領域) 국가라면, 서양 고대의 첫 영역 국가는 로마(Roma)이다. BC 8세기경 티베르 강가에서 일어난 도시국가 로마가 이탈리아 반도를 통일하는 과정에서 평민권이 신장하며 공화정이 발달하고 로마법이 발달하였다. 로마의 만민법은 근대 자연법사상에 큰 영향을 끼치었다.

지중해 세계를 장악하고 거대 제국을 이룬 로마는 제국 통치의 필요성에 따라 도로 건설에 큰 공을 들이었다. 로마는 이 도로를 통하여 군대를 파견하고 세금을 거두어 들였다. 지금도 2000년 전에 만들어진 로마의 도로를 이용하는 길도 있다고 한다. 도로 뿐 아니라 화폐, 도량형의 정비도 로마의 통치를 위한 사업이었다. 진시황의 도로망 건설, 화폐, 도량형 정비 등의 사업과 비교하면 통일제국 경영에 필요한 정책들의 유사성을 발견할 수 있다.

'모든 길은 로마로 통한다.'는 서양 속담이 있다. 동양에는 '모든 길은 장안으로 통한다.'는 속담이 있다. 장안(長安)은 한(漢)의 수도이다.

◉ 190쪽 알렉산더(Alexander)와 헬레니즘(Hellenistic Age)

알렉산더의 동방원정(B.C334~324) 이후부터 300년간을 헬레니즘시대라고 한다. 알렉산더의 대제국 성립에 따라 폴리스(Polis)적 민족의식이 사라지고 개인주의, 세계시민주의(cosmopolitanism)가 보편화되었다. 자연과학이 발달한 반면 철학·예술은 퇴조하며 철학에서 새 경향이 나타났다. 헬레니즘 시대 사람들의 의식은 시민윤리 대신 개인의 구원(행복)을 문제 삼는 경향으로 변해갔다. 이러한 경향은 서로 다른 두 개의 철학적 흐름을 낳았다. 하나는 금욕적인 경향의 스토아 학파이고 다른 하나는 만족을 추구하는 에피쿠로스 학파이다.

◉ 231쪽, 245쪽 기독교 공인

기독교는 박해를 피해 지하로 숨어들어갔어도 교세는 더욱 확장되어 갔다. 4세기 들면서부터 갈레리우스(Galerius)황제의 관용정책(寬容政策)(311)으로 기독교는 지하에서 나올 수 있었다. 곧이어 콘스탄티누스(Constantinus)황제는 밀라노 칙령을 내려 기독교를 공인하였다.(313) 데오도시우스(Deodosius) 황제 때 기독교는 로마의 국교가 되었다.(392).

로마제국이 기독교를 공인한 것은 의미가 크다. 이는 로마 당국이 기독교를 인정하지 않으면 안 될 정도의 기독교가 전파되었다는 것이며, 로마 정부는 기독교 공인이 주민 통치에 유리하다고 판단하였다는 의미이다. 결국 기독교 박해와 기독교 공인은 정치적 이익에서 이루어진 것이다.

4. 우리나라 관련 자료

◉ 171쪽 농사직설(農事直說)

〈농사직설〉은 세종 때 정초·변효문 등이 왕명에 의하여 우리나라의 풍토에 맞는 농법을 수집·발굴하여 1429년에 간행한 농업서적으로 우리나라에서 만든 농서 중 현존하는 가장 오래 된 책이다.

〈농사직설〉의 서문에는 중국과 우리는 풍토가 달라, 농사의 법도 다르기 때문에, 중국의 농서는 우리나라와 맞지 않는다고 하였다. 이는 중국 중심의 사고에 젖어있던 지방관들의 농사 지도 방식이 각 지방의 풍토에 따른 농사법과 맞지 않았다는 뜻이다. 이에 각 도, 여러 지방의 늙은 농군들에게 농사법을 물어 땅에 따라 경험한 바를 자세히 듣고 우리나라에 맞는 농법을 수집하여 만든 농업기술서적이 〈농사직설〉이다.

〈농사직설〉은 지역에 따라 적절한 농법을 수록하였으며, 우리 풍토와 맞지 않는 중국 농사법에서 벗어나 우리 실정에 맞는 농법을 소개하였다는데 큰 의미가 있다. 이 책은 삼남 지방민을 북방으로 이주시키고자 만든 것으로 조선시대 농본주의 정책의 산물이라 할 수 있다.

◉ 189쪽 퇴계(退溪) 이황(李滉) (1501-1570)

조선 중기 주자(朱子)의 성리학(性理學)을 심화, 발전시킨 조선 최고의 교육자이며 유학자로서, 이기이원론(理氣二元論)을 주장하였다. 일본에서는 이황 선생의 학문을 높이 존경하여 성리학을 퇴계학(退溪學)이라 부른다. 저서에 〈성학십도(聖學十圖)〉,〈주자서절요(朱子書節要)〉가 있다.

퇴계 선생은 30세에 과거에 합격하여 대과없는 관직생활을 하였다. 단양군수, 풍기군수를 지내다가 스스로 물러나 학문에 전념하였다.(1548) 풍기군수로 있을 때 백운동서원을 왕에게 알려 왕으로부터 현판을 받아 오늘날 소수서원이 되었다. 후에 대사성에 임명되었으나(1552) 스스로 사직상소를 올렸다. 이후에도 성균관 대사성·부제학·공조참판 등에 임명되었으나 사양하고 귀향하였다. 고향 안동에 서당(도산서원)을 짓고 독서, 수양에 전념하면서 많은 제자를 길렀다.(1560) 그는 나이 일흔에 가까운 나이에도 대제학의 벼슬을 받았으며 선조의 거듭된 관직 권유에도 불구하고 낙향하여 제자 양성에 힘썼다. 퇴계 선생은 시내가 계곡으로 물러난다는 뜻의 선생의 호(退溪)처럼 살았다고 하겠다. 퇴계 선생의 삶이 소광, 소수와 닮은 점이 있어 보인다.

◉ 217쪽 청일전쟁(淸日戰爭)(1894-1895)

청일전쟁은 조선의 지배권을 둘러싼 청과 일본의 전쟁이다. 그러나 실제로는 이보다 더 큰 의미를 갖는 사건이다.

동학 농민군이 전주성을 점령하자, 조선 정부는 크게 놀라 청(淸)에게 원병을 요청하는 동시에 동학 농민군과 화의를 모색하였다. 일본은 청의 조선 출병 소식을 듣고, 텐진조약을 핑계로 군대를 조선에 파병하였다. 다행히 조선 정부와 농민군과 전주성에서 화약이 이루어졌다.(전주화약) 이에 두 나라 군대는 자기네 나라로 철병하여야 했으나, 일본이 조선의 개혁을 핑계로 철병을 거부하였다. 이로서 청과 일본이 조선을 사이에 두고 전쟁이 벌어지게 되었다. 한반도는 남의 나라 전쟁터가 되었다.

전쟁은 일본의 승리로 끝났다. 조선에 대한 지배권은 청에서 일본으로 넘어갔다. 그러나 전쟁의 결과는 이보다 더 큰 세계사적 영향을 남기었다. 일본은 동아시아의 신흥 강국으로 떠올랐다. 이 전쟁 이후로 일본을 견제하려는 서양 세력들이 조선과 청에 진출하였다. 서구 열강이 청을 분할하기 시작하였고, 러시아, 프랑스, 독일이 하나가되어 일본에 항의하였다.(삼국간섭) 조선에 진출하는 러시아를 견제하려고 영국은 조선 정부의 허락도 받지 아니하고 대한해협을 지나는 러시아 배를 감시한다고 거문도에 포대를 설치하였다.

한반도를 둘러싼 국제정세 변화에 대응할 능력이 없었던 조선은 러시아의 힘을 빌려 생존하려 하였다. 그러나 일본은 명성황후를 시해하며 조선을 압박하였다. 나아가 러일전쟁(1904)에서 러시아를 꺾은 일본은 을사조약(1905)를 통해 외교권을 빼앗고 마침내 우리의 국권까지 강탈하였다.(1910)

정부가 무능하면 백성이 불행해지고 주권자의 허물이 크면 백성에게는 재앙이 온다.

◉ 225쪽 우리나라의 제천(祭天)행사와 제사(祭祀)

우리나라는 고대국가 성립 이전부터, 고구려의 동맹, 부여의 영고, 동예의 무천이라는 제천행사가 있었다.

부여의 영고, 고구려의 동맹은 축제이며 추수감사제이다. 고구려의 동맹은 건국시조인 추모왕과 그의 모친인 유화부인을 각각 고등신과 부여신으로 모셨다.

부여의 영고는 북을 치며 신을 맞이하는 제천행사였다.

신라는 가배행사 때, 왕녀의 주관 아래 여인들이 두 패로 나뉘어 한 달 동안 베짜기 시합을 하는 노동축제를 즐겼다. 가배는 오늘날 한가위이다.

삼국시대 이후 우리나라에 유학(儒學)이 들어오면서 조상을 받드는 풍습이 점차 강해졌다. 조선시대에 들어와 성리학이 전성을 이루면서, 조상을 모시는 제사도 같이 번성해졌다.

조선 말기 천주교가 조선에 전해지면서 조상에 제사를 지내는 풍습과 충돌이 일어나기도 하였다. 성리학의 보수화는 조선사회를 경직시켰다는 한계가 있었다.

◉ 241쪽 장영실(蔣英實)

조선 세종 때 사람으로 이천과 함께 활동한 유명한 과학기술자이다. 중국계 귀화인과 기녀 사이에서 태어났다고 하며 출생 연도는 분명치 않다. 동래현의 관노로 있을 때 그의 재주가 세종에게 알려졌으며, 그 후 중국에 파견되어, 천문기기 연구의 기회를 가지게 된 것이 〈연려실기술〉에 나온다.

장영실은 중국에서 돌아와 면천 받고, 상의원별좌(尙衣院別坐)가 되어 궁중기술자로서 활동하기 시작하였다.(1423) 이듬해 물시계를 완성하였다. 이후 앙부일구(해시계), 자격루 등의 물시계와 간의, 혼천의 등 천체 관측기, 금속활자 갑인자(甲寅字)를 만들었다.

◉ 247쪽 혼천의(渾天儀)

혼천의는 천체관측기구로서 혼의(渾儀)·혼의기(渾儀器)·선기옥형(璇璣玉衡)이라고도 한다. 한나라 이전에는 '선기옥형' 또는 '기형(璣衡)'이라 불렸다고 한다.

우리나라는 세종 때 정인지, 정초, 이천, 장영실 등이 1433년 6월에 최초로 혼천의를 제작하였다. 효종(1657)과 현종(1669)때에도 혼천의를 제작하였다. 현재 전해지는 혼천의는 현종 때 송이영이 제작한 것으로, 혼천의에 시계장치를 연결한 것이다.

◉ 252쪽 정약용과 목민심서(牧民心書)

〈목민심서〉는 정약용이 민생을 돌보는 지방 관리들의 올바른 자세를 밝히기 위해 지은 책이다.(1818년) 이 책은 지방관(목민관)으로서 반드시 준수하고 집행해야 할 실무상 문제 분 아니라 수령들의 기본 태도, 주민 복지, 수령이 물러갈 때의 몸가짐 등을 각 조항으로 나누어 목민관이 지켜야 할 실천 윤리를 제시하였다.

정약용은 어려서 지방관이었던 부친을 따라다녔기에 관리가 백성을 다스리는 것을 볼 수 있었다. 관리가 되어서는 금정찰방(金井察訪)과 곡산군수로서 백성을 다스렸다. 그러다 정권이 바뀌면서 신유박해 때(1801) 기독교인으로 몰려 전남 강진으로 유배되었다. 강진의 유배생활은 18년이었으며, 유배지에서 백성이 국가 권력과 관리들의 횡포에 시달리는 조선 사회를 목격하였다. 이 책은 이런 경험에서 만든 책이다.

목민(牧民)이란 백성을 다스리는 일이다. 목자(牧者)가 양을 돌보 듯, 고을 수령은 목민관(牧民官)으로서 누구보다 애민(愛民)정신이 투철하여 백성을 돌보야 한다는 뜻이 이 책의 요지이다.

5. 중국 역사와 중국 영토 변화

중국의 역사는 분열과 통일의 순환으로 설명할 수 있다.

◉ 주(周) : 위수(渭水) 강가에 도읍한 주(周)는 청동기 시대의 부족연맹체이었다. 주(周)가 쇠퇴하면서 춘추전국시대를 맞이하게 되었다. 춘추전국시대는 중국역사에서 최초의

분열기로서 청동기에서 철기의 이행이 일어난 시기이다. 이 시기는 제후들의 패권 다툼으로 극심한 정치적, 사회적 혼란기였으나 제후들의 부국강병책으로 국력을 키우면서, 오히려 전체적인 중국의 영토는 확대되었다.

◉ 진(秦)·한(漢) : 중국 통일 과정에서 영토가 확장되고 진(秦)과 한(漢)이라는 고대국가가 등장하였다. 진(秦)이 만리장성을 축조하여 중국의 영토를 확정하였다면 한(漢)은 축적된 에너지를 서북 경략과 요동 경략으로 분출한 시대이다. 장건의 파견과 한사군(漢四郡)설치가 그 예이다. 한의 서북 경략은 흉노를 몰아내었을 뿐 아니라 비단길을 여는 계기가 되었다.

◉ 위·진 남북조 : 한(漢)의 멸망으로 위·진 남북조시대(220-589)라는 분열시대를 맞는다. 위·진 남북조시대는 북방에 선비족 강족 등 이민족들이 세운 16개의 국가가 흥망성쇠 하였고, 이민족 세력에 밀려 남으로 내려간 진(晉)의 귀족들이 강남 지역을 개발하여 중국 역사의 무대를 양자강 이남까지 확대하였다.

◉ 수(隋)/당(唐) : 위·진 남북조시기를 통일한 나라는 수(隋)나라이다.(589) 그러나 수(隋)가 고구려 원정에 실패함으로 관료와 농민들의 반발로 무너지고 실제 중국의 주인은 당(唐)이 되었다.(618) 수(隋)의 뒤를 이어 중국을 통일한 당(唐)은 에너지를 비축하여 백제(660), 고구려(668)를 멸하였고, 고선지 등을 시켜 서역까지 진출하였다.

◉ 오대10국/송(宋)/금(金) : 당(唐)의 멸망 이후, 중국이 맞이한 분열 시대를 오대10국시대(907-960)라고 한다, 오대 10국시대는 화북지역에 5개의 나라가 있었고 강남지역에 10개의 국가가 난립하였던 시대이다. 5대10국을 통일한 나라는 송(宋)나라이다. 송나라는 문치주의를 채택하고 황제권을 강화하였으나, 국방력의 약화를 가져왔다. 여진족이 만주에서 금(金)을 세우고(1115) 송을 공격하니(정강의 변 1127) 송이 임안으로 천도하여 남송이 되었다. 이후 중국은 남북으로 갈려 남송(南宋)과 금(金 1115-1234)으로 나뉘었다.

◉ 원(元) : 중국 서북 지역에서 몽고족이 일어났다. 징기스칸은 몽고족을 통일하고

여세를 몰아 동유럽까지 진출하였다. 징기스칸의 군대는 다시 돌아와, 금(金)을 멸하였다.(1234) 징기스칸의 손자 쿠빌라이가 베이징에 천도하고 국호를 원(元)이라 하였다.(1271) 이어 남송(南宋)까지 멸하여 중국의 주인이 되었다(1279). 원(元)을 세우기 전에도 몽골은 1231년부터 1259년까지 거의 30년 동안 고려를 여섯 차례나 침입하고 유린하였다. 원(元)은 바다 건너 일본까지도 침입하였으나 태풍으로 일본 침공에는 실패하였다.

이민족의 지배를 거부하는 한족의 끝없는 저항으로 원(元)은 오래가지 못하고 망하였다.(1368)

◉ 명(明) : 한족 출신 주원장이 이민족의 지배에 저항하며 남경에서 일어나 명(明)을 세우고 원을 몰아내었다.(1368) 명(明)의 에너지는 정화(鄭和)의 원정으로 표출되었다. 명의 영락제는 정화를 시켜 국력을 해외에 알리었다. 해외로 정화의 선단은 7차례나 바다로 진출하여 아프리카 동안(東岸)의 모가디슈와 말린디까지 다녀왔다.(1405-1433) 명의 국력은 조선의 임진왜란(1592)에 군대를 파견한 이후 급격히 쇠퇴하여 이자성의 난으로 멸망하였다.(1644)

◉ 청(淸) : 여진족의 누루하치가 만주에서 후금(後金)을 건국하였다.(1616) 후금은 청으로 국호를 바꾸었다.(1636) 만주족의 청(淸)이 내려와서 명(明)의 자리를 차지하였다. 만주 땅은 당연히 중국 영토가 되었다. 청은 러시아와 네르친스크 조약(1689) 등을 맺어 국경을 확정하였다. 건융제 때 신장 지역 동 투르키스탄 등 주변 지역을 정복하여 최대 영토를 확보하였다.

◉ 현대 : 신해혁명(1911)으로 청(淸)이 멸망하고 새로운 분열기가 도래하였다. 위안스카이가 황제 즉위를 시도하였으나 실패하면서 군벌이 난립하게 되었다. 이를 군벌시대(군신정권)라고 한다. 군벌의 난립으로 혼란이 가중되는데, 국민당과 공산당이 합작하여 군벌시대를 끝내려 하였다.(1924) 그러나 일본이 등장하여, 만주사변(1931) 중일전쟁(1937)이 일어났다. 이에 일본에 대항하는 제2차 국공합작이 이루어졌다.(1937) 일본이 태평양전쟁에서 패하면서 이번에는 중국내에서 국공내전(1946-49)이 터졌다. 공산당이 국민당에 승리하여, 중화 인민 공화국이 수립(1949.10)되어 오늘에 이르고 있다. 국민당 세력은 대만으로 건너가 오늘날 대만을 건설하였다.

성경의 시편 기자는 '비파야, 수금아, 깰지어다. 내가 새벽을 깨우리로다.'(시108:2) 라고 노래하였습니다. 혹시 성경도 이 세상을 몽(蒙)으로 보는 것은 아닌가 하는 생각해 봅니다. 그리고 우몽등초(愚蒙等誚)를 〈천자문〉을 지은이의 겸양사라고 이해하며 풀이 한 견해에 대해서도 크게 공감합니다. 이 책을 마치면서 정말로 우몽(愚蒙)한 사람을 꾸짖지 아니 하시고 여기까지 이끌어 주신 하나님께 감사드립니다.

〈천자문〉이 어린 아이들에게 우주와 자연의 이치, 역사, 인간의 도리를 가르치고자 만들어진 이후, 지금까지 전해져 오는 데에는 그 까닭이 있을 것입니다. 저는 그 까닭을 〈천자문〉에 담겨있는 '존중과 배려'라고 보았습니다. 그러나 과거 왕조 시대에 정치 지도자들은 신분 질서 강화를 목적으로 충과 효를 명분으로 삼아 견고한 수직적 '사회 질서를 세웠습니다. 저는 이것을 강요된 질서로 봅니다.

존중과 배려는 강요하는 것이 아닙니다. 역지사지(易地思之)하는 것입니다. 존중과 배려는 기독교 뿐 아니라 서양의 신사(紳士 gentleman) 교육에서도 매우 중요한 덕목이며, 오늘날에도 동양이든 서양이든 그 가치는 변함이 없습니다. 나아가 다문화 사회에서 존중과 배려는 더욱 강조되어야 할 덕목이라고 생각 합니다. 어느덧 우리나라도 다문화 사회에 접어들었습니다. 〈천자문〉을 통한 한문 학습을 하면서, 성경과 〈천자문〉에서 강조하며 가르치는 존중과 배려가 우리 사회에 널리, 깊이 뿌리내리기 바랍니다.

본인의 학문이 얕아 일반 상식 수준에서 설명하려다 보니 부족한 부분이 많이 있을 것으로 생각합니다. 부족한 부분에 대하여 양해를 구합니다.

새벽을 깨우는 천자문

초판 1쇄 인쇄 2021년 04월 21일
초판 1쇄 발행 2021년 04월 28일
지은이 홍성표

펴낸이 김양수
편집·디자인 안지원

펴낸곳 도서출판 맑은샘
출판등록 제2012-000035
주소 경기도 고양시 일산서구 중앙로 1456(주엽동) 서현프라자 604호
전화 031) 906-5006
팩스 031) 906-5079
홈페이지 www.booksam.kr
블로그 http://blog.naver.com/okbook1234
이메일 okbook1234@naver.com

ISBN 979-11-5778-484-4 (13700)

w w w . b o o k s a m . k r

맑은샘은 휴앤스토리의 단행본 출판 브랜드입니다.

새벽을 깨우는 천자문